1. 曾经，我所有的工作照都是这样温柔得体地笑着。谁能想到，藏在平静温和的外表下面的，是一个被巨大的焦虑和愧疚感折磨的母亲。

2. 相比来说，我更喜欢的是这张来大理后拍的照片。当然我黑了很多，但是很多朋友都说，我的眼神不一样了。

1
2 | 3

1. 在 9 岁之前，火娃是从来不画画的。有一天却突然开始玩颜料，画的是各式各样的阳光。班上同学笑他：又是阳光！火娃你为什么总是画阳光！

2. 火娃人生中第一次亲手制作礼物，是在他外婆的生日那天。那时他 8 岁，我们还在“一个人的课堂”。彩泥做蛋糕，吸管是蜡烛，放了几个小石头做水果。外婆激动得眼泪都快掉下来了。

3. 这是另一幅大理苍山的云和阳光。在火娃身上我发现：大自然的力量，是慢慢在一个孩子身上积聚的。那些变幻莫测的大理云，其实都储存在他的大脑里，等着有一天用某种方式表达出来。

我和火娃人生的很多巨大转折都来自于她：芭芭拉·鲍德温。从小生在康复村、长在康复村的她，和特殊孩子以及特殊孩子的父母们是有天然的连接的。

1. 小 S 的妈妈 Keiko 是个很棒的摄影师，这些合影都是她拍的。对我来说，她是一个非常重要的朋友，陪伴我度过很多迷惑和焦虑的时刻。

2. 在做自己喜欢的事情时，他非常专注，而且有百折不挠的精神。我希望他这一生能够有很多这样的小爱好，足以撑过其实大体上都比较无趣的一生。

3. 火娃会在很多大课上做自己能够做的事，比如英文课上，他在练习写字母和简单的单词。还有一个重要的学习目标是：他得学会安静地坐下，学会遵守规则。

1. 在很长的时间里，小 S 是火娃唯一能记住名字的朋友。

2. 有一天，我很想吃蛋糕，正好小 S 的生日没过几天，我说给他补蛋糕吧！Keiko 说那太好了，因为这次生日的时候他没有吹到蜡烛。就这样我们强制性让小 S 再生了一次。

3. 有一些他们跟不上的课，我会在资源教室给他们提供单独的课程。只有两个人的时候，他们非常安静配合。

那天我们在兰卡威的海滩，一个胖胖的大姐帮我们拍照，结果笑得整个海滩都听见了，因为每次她喊到“three”的时候，火娃就跑了，我想火娃把拍照的规则理解成了“one，two，three，go！”

大理家中的天台，让总想往外跑的火娃变成了宅男。他在这里看云、玩水、奔跑，纯野生地学会了轮滑和滑板。

我带火娃走过很多地方，见过很多朋友。让我觉得这些年并没有白费的一点是：他是一个不管在哪里，都非常自在的人。能自在行走，大概是存活于世的不错的基础吧。

你要好好活着，

你的脚一定要踩到地上，

你要避开泥泞，要不垮塌、不陷落。

但你不能只是好好活着，

你不能只顾着赶路、只顾着避开泥泞，

你要随时抬头，刻意地、用力地去踮起你的脚尖，

你的鼻子要闻得到远处的花香，

你的眼睛要看向更远的远方。

对有特殊需要的孩子的父母和老师来说，这是一本“必读”之书。

戈娅带着自己的理解和洞见，用非常个人化的叙述，分享了她作为自闭谱系母亲的旅程。你们将会看到她与特需儿子的生活点滴以及儿子给自己生活带来的治愈。同时她也带着一颗同理心，客观地描述了特需父母们的困境、中国对特需家庭服务的空缺，以及当今社会对特需群体的主流态度。

戈娅代表着一种真正的现代心态。不带一丝自怜，她安定地接受了她的人生使命，将她自己从职场女精英转变为生活中的终生学习者。她有着超前的态度，这些对于父母和老师来说都将是非常宝贵的建议。

这是对当前形势的一个勇敢声明，也是一个明确的呼吁——我们需要从根本上去改变困境。

——芭芭拉·鲍德温

看风的孩子
谢谢你成全了我

戈娅 著

KANFENG DE HAIZI
XIEXIE NI
CHENGQUAN LE WO

GUANGXI NORMAL UNIVERSITY PRESS
广西师范大学出版社
·桂林·

出版统筹：施东毅
品牌总监：耿　磊
选题策划：陈显英
责任编辑：李茂军
助理编辑：屈荔婷
美术编辑：卜翠红
营销编辑：杜文心　钟小文
版权联络：郭晓晨
责任技编：李春林

图书在版编目（CIP）数据

看风的孩子，谢谢你成全了我 / 戈娅著. —桂林：广西师范大学出版社，2018.9
ISBN 978-7-5598-1111-0

Ⅰ. ①看… Ⅱ. ①戈… Ⅲ. ①孤独症—儿童教育—特殊教育—家庭教育 Ⅳ. ①G76

中国版本图书馆 CIP 数据核字（2018）第 180679 号

广西师范大学出版社出版发行
（广西桂林市五里店路 9 号　邮政编码：541004
网址：http://www.bbtpress.com）
出版人：张艺兵
全国新华书店经销
发行热线：010-64284815
保定市中画美凯印刷有限公司印刷
（河北省保定市西三环 1566 号　邮政编码：071000）
开本：720 mm × 1 010 mm　1/16
印张：17　　　字数：227 千字
2018 年 9 月第 1 版　　2018 年 9 月第 1 次印刷
定价：48.00 元

序：没有一个人生来就会坚强

文 / 黄佟佟

查了一下，认识戈娅原来是在 2007 年，离现在足足有 11 年了。

在这 11 年里，我们只见过一次，但联系一直没断，还真是缘分。

2007 年是我生活最为不顺的一年。那时的我在文艺杂志当主编，靠写情感专栏赚点外快。我一个朋友是开婚恋公司的，邀请我去重庆做活动，顺便也散散心，就这样，认识了戈娅。

戈娅当时是重庆最大的女性报纸情感版的主编，给我的最深印象是皮肤白得发光，而且性格反差很大，私下里见呢是个总笑眯眯又软绵绵的小美女，场面上见呢则是那种能干、爽利、镇得住场子的媒体精英。记得做完活动的那天晚上，我们在一家咖啡馆里聊天，我想我之所以对戈娅能保持深刻的印象，就是因为这一次深夜聊天。这是我第一次看到人的外表和内在差距会这么大，一个长得这么漂亮的女孩待人会这么谦卑而小心，而且这也是我第一次发现有女孩和我一样，我们都有一个父母争吵不休的童年，都有一个非常严厉令我们终生不敢撒娇的母亲，都在成年之后和原生家庭非常疏远……而后来，我们俩都成了单亲妈妈，逼不得已只能请父母过来帮忙带孩子，一步一步去修复我们以为终身都不能愈合的伤疤，这当然是后话。

总之，11 年前的那一面之后，我们就像两条轨道上的两列火车再也没有会过车，冒着突突的白烟，奔跑在不同的风景里。她在重庆，我在广州，我的主旋律是写稿、写稿、写稿，而戈娅的主旋律则波澜起伏得多。我先是知道她结婚了，后来知道她买房了，再后来是生孩子，孩子很可爱，然后又出书，事业生活两得意……嗯，挺好，这不正是可爱的美女应该得到的稳稳的幸福吗？直到有一天，我发现她突然带着孩子到了大理，而且居然是长居，这才问起她。她告诉我，她离婚了，也辞职了，孩子有自闭症，所以她带着孩子来大理，现在靠开微店和写稿维生。

作为一个有生存焦虑症的人，我仅仅从这几句话里就知道景况有多么严峻，但我又知道我帮不了她什么，因为我自己也过着狼狈不堪的生活。我当然知道一个人扛起生活的重担有多么难，别人眼里的一分苦，我们会感受到十分，别人可以一挥而逝的情绪，我们要花百倍的力气去纾解和镇压……但最痛苦的是，你知道这些事只能你一个人扛。我根本都不敢想，如果我是一个自闭症孩子的单亲妈妈，我会怎么办？是的，我连想都不敢，尽管我还常常在这些年里自诩自己是一个足够坚强的人。

可以想象那是非常难的，但一直到我看了戈娅的这本书，才知道有多难。

这是一本特别真诚、特别朴实而又充满力量的书。我除了诧异于她文字、智识的长足进步，也震动于她的真实、她的乐观、她的从容——没有太多怨气，全然地拥抱与接受。那是一个灵魂拥有极大智慧的表征，但看过了书，还是心疼她：真难啊，没想到这么难。对于我们这些妈妈来说，一个自闭症孩子意味着什么呢？没概念，但看了这本书，我有一点点明白了。

因为自闭症，有些孩子被暴打，有些孩子被遗弃，有些孩子逼疯了父母，但他们有什么办法呢？有数据显示每 68 个孩子当中就有一个可能会遇此劫。每个自闭症孩子，都会有这样那样的感觉失调，这让他们很多事情都做不到。他们中的很大一部分，都没有办法向成人表达出自己的真实感受，即便有幸能够表达，普通的成人也只会觉得：你在说谎，你就是不想做。

不被理解的孩子，是委屈、孤单的人，但身为自闭症孩子的母亲常常拥有双倍的委屈和孤单。戈娅在书中描写了一个总是大声地责骂孩子的妈妈，她强制孩子做各种只有正常孩子才能做到的事。“可是有一天，我看见有一个人在这个妈妈又大声责骂孩子的时候，温柔地拥抱了她。这个妈妈当时就哽咽了，是那种万千委屈从喉咙中滚过的哽咽。她说：‘我这些年……他爸爸又不管他……都是我的错……都是我没有教好……’当时我的胸口一下子就痛了起来，我在瞬间一点儿都不讨厌她了。我知道，她一定一定经历过我们不知道的‘这些年’。就像我们所有父母的‘这些年’一样，充满了太多说不出来的委屈、软弱、绝望、悲凉……即便这本书有十多万字，‘这些年’都依然欲语还休。”

真正的难是没有办法和别人诉说的，我们常常用里尔克的句子鼓励自己，“有何胜利可言，挺住意味着一切”。那是绝境之中唯一的办法：生扛。你要真正接受一切，你要埋头苦干，等待黎明的到来，同时，你还要做好准备，黎明可能永远不会来，但就算不来，你也打算干下去。所以，当我看到戈娅以下的句子时，我深深为她震动，这是真正经历过苦难，而且扛下来的人才能说得出来的话：

“所以，并没有什么‘想通’的‘醍醐灌顶’的时刻，总是会挣扎的，也总会有前进一步退后三步的时候。千万不要因为我曾经展示出来的特别爱孩子的朋友圈而感到自责，我只是将这些复杂的时刻放进心里，看着它们一直向上生长，等着它们慢慢过去，以此自我疗愈。

“这些年我认识了非常多的家长，里面有很多有大智慧的人。我发现，每一个我觉得很棒的人，他们的‘想’都是长年累月、一点儿一点儿‘做’出来的。‘想’是一个经过提炼的结果，‘做’才是过程。

“我觉得，只有当我们意识不到坚强、坚持、努力、挺住等词语的存在时，才代表我们不再失衡。”

没有人生来坚强，也没有哪个妈妈天生就有所谓的人生智慧，那只是一场生存之战。也许，这正是戈娅写这本书的意义，她想分享，想帮助他人，想自我疗愈，就像《七龙珠》最后一集里悟空说的，“我们之所以要奋力战斗，是因为只有在战斗里我们才会变得更强大”。可不是吗，即使当了妈妈，我们也一点儿都不想强大，但当生活需要我们不停地战斗时，我们只能强大。我在这些文字里看到了一个娇弱的都市女郎的成长，看到一个妈妈在经历各种育儿困境后艰难选择，渐渐成为一个生命的强者，成为一个懂得停下来，泡杯茶、看云的人。

那是爱穿漂亮裙子、爱买名牌，着急上火在名利场上比拼的女孩子可能一生都不会明白的道理。生命的真相不是裙子，不是名牌，不是爱情，不是事业；生命的真相就是我们要一直朝着远山进发。“远山不是目标。远山只是我们内心存有的美好愿望，过程愉快就够了。人生短短几十年，我们要认真努力地活着，但我们没有必要让自己，也让孩子，就像‘我会活生生世世’那样去‘太过认真、太过努力’地活着。不管对人对己，那样的一生都太辛苦了，会有些浪费这一个体验‘生’、体验‘死’，体验过程中星光满天、草长莺飞、花开花谢的机会吧。”

无论是做自己，还是做妈妈；无论以什么样的方式到达远山，或者不到达，愿我们不负此生。

前言：你要踮起脚尖生活

其实在 2017 年初，广西师范大学出版社的陈显英就找到了我。她在我的微店里买了茶，我加了她的微信，没聊几句她就说，跟你约一本书吧。我当时答应了下来，可是这一拖就是半年。这半年我在干什么呢？我在疯狂卖货。我来到大理就开了个微店，卖云南的高山有机茶和其他一些土特产。

那真是“沉迷赚钱，日渐消瘦”。

那半年我的日常基本就是这样的：早上起来带火娃去学校上课，这时我是“戈老师”；大概下午 4 点放学回家，换上最旧、最舒服的家居服，一头扎进工作室，开始疯狂打包；打包完了时间尚早，或者哪天累了想先歇会儿，就端着茶杯跑上天台，给火娃穿上溜冰鞋让他滑着，自己盘上腿或者直接半躺下，边喝茶、边抽烟、边上朋友圈发茶叶小广告。

烟灰随地弹着，洗茶水随地倒着，破桌子眼看就要倒了——没事儿，人依旧半躺着，懒洋洋地从二郎腿里腾出一只脚，蹬一蹬歪掉的那条桌腿儿，又可以稳当个几小时。

火娃滑过来：“妈妈，我想喝水。”

我答一句："好嘞。"

5 分钟后还没动，火娃只能又来催："妈妈！我想喝水！我想喝水！"

有时候觉得，我看起来是为火娃付出了很多，但有我这么个懒妈，他也未必没有在心里想："我也是操碎了心啊。"总之那半年，属于我的形容词就是：邋里邋遢、蓬头垢面、胸无大志。我的朋友 J——一个 90 后妈妈，一个在大理生活多年、觉得人就应该懒洋洋地过自己觉得爽的日子的女人，都不止一次摇着头对我进行全方位的人格侮辱：

"我就觉得你今天不对劲，到底哪里不对劲呢？想来想去，噢，原来你穿了一双布鞋——你居然穿了一双布鞋！！！你怎么不继续穿你那双从去年穿到今年的人字拖呢？""你看看你的脚，脚底和脚面完全是两个颜色了，你能稍微防点儿晒吗？你看你都黑成啥样了？！""我看不下去了，你能给你的脚去个死皮吗？""辛苦你了，今天还穿了两件衣服。你怎么不继续穿你的套头裙子了呢？一件搞定多轻松啊。""你的头发几个月没剪了？""好歹是出个门，你能画个眉毛吗？""你这画的是个啥眉毛？你能稍微长点儿心吗？""我的天，你怎么能把自己搞得这么丑啊！""火娃！你怎么也不管管你妈？！"……

每次我都回答："我觉得挺好的呀！"我是真的觉得挺好的。

我 2003 年开始进报社做记者，2005 年开始做主编，一做就做了 11 年，辞职后又做了半年的互联网公司高管。这十几年来，接触了各种聚会、各种沙龙、各种演讲、各种晚宴、各种大型活动、各种电视台嘉宾、各种高跟鞋、各种礼服、各种妆容、各种高脚杯……我做女神做了十几年，放松下来过披头散发的日子真的感觉太好了，你们能懂吗？

我终于能心安理得地过我最喜欢的"土火"生活。没有人告诉我，某个品牌又出了某款包包特别适合你，居然才 8000 元，很百搭哦；没有人说，我觉得你的法令纹要补一点玻尿酸了；没有人睁大眼睛说，我怎么觉得你最近有点胖了，这样上镜不好看，我给你分享一个减肥食谱；也没有人说，你这个衣服的牌子有点小众，穿了人家也看不出来，还是得买个能让人一眼看得出来品牌的大衣……

我为了应付各种所谓的高端场合买的名牌包包、礼服裙、恨天高、全套的化妆品终于可以全部塞进箱子里。我终于可以自由自在地买 100 元的 T 恤；可以尽情地穿牛仔裤、套头裙、人字拖和平底鞋，擦个唇膏就出门，背那个最实用的不超过 2000 元的小包和那个陪了我整整 6 年、不超过 200 元的特别能装东西的双肩包。我就这样过了整整一年了。

告别一切锦衣华服、声色犬马，终于不用再拗造型的日子，真是太爽了。我曾经和我的好朋友 Keiko 说，这种可以做很多体力劳动的日子对我来说真的是太好了。她面带一副“我是过来人”的表情，笑嘻嘻地告诉我：“那是因为你同时在做脑力劳动。一边洗床单一边翻译的时候，也是我感觉精力最棒的时候。”

我想了想，的确是。因为这一年多来，我一直在继续写已经在老东家写了十几年的专栏，每周一篇，一篇 1000 字。文字在很大程度上抵消了做个小生意人原本应该有的疲惫和空虚。可是后来，我的客人越来越多，订单越来越多。当我每天需要花三个小时以上才能处理完所有的订单时，当我每天两只手腕都要换新的膏药时，我终于崩溃了。

如果每天只需要花一个小时就可以搞定我的小生意，和每周 1000 字，我觉得这两种能量是可以互相支持、互相消解的。但当我的体力劳动过大时，每周 1000 字的脑力劳动对我来说，已经无法抵消那种随时到来的灵魂拷问了：“你就真的只是个带娃加卖货的而已吗？！”

内心一个坚定的声音跳出来，说：“当然不是！不是，不是，不是！！！”

2017 年 8 月的一天，我打包完所有的包裹，洗完澡，冷静地再次给双手贴上膏药，发现已经到了夜里快 11 点时，突然下定决心：我要写书。

我最心爱的陈编辑听闻哈哈大笑：“你终于良心发现了！”承蒙不弃。

也就是在写书的这段时间，我好好思考了一下，对我来说写作的意义是什么。少年时代，它是我对抗青春期焦虑的渠道；大学的时候，它是我寻求自身存在感和赚取生活费的方式，我就是通过成为一个校园“美作”，收获了一堆追求者和暗恋者，这个很重要，来自异性的认可和宠爱，是一个从小活在纠结和自卑中的女孩子最快得到自信的方式；工作了之后，它是我获得薪水和成就感的方式，我热爱它。但其实，它始终只是我的工作，长达十几年，我没有在工作之外写多余的任何一个字。我的每个字都登在了报纸上，变成了我的工分、我的薪水，以至于大学时代喜欢我的小说的旧友时不时就要感叹：“你浪费了你的才华，你看你现在写的都是啥东西。”而现在，我清晰地知道，尽管我不再是一个靠卖文为生的媒体人，可我此生不可能不写作。拼命赚钱只是因为对未来的恐惧，我怕我和孩子将来的生活会无以为继。这种恐惧感让我很难好好地活在此时此刻，我很难真正做到低下头脚踏实地地生活，同时抬起头看到生活中种种活泼的细节。我深知以我有限的才华，这辈子是不可能成为一个大家了，但我还是要写，我必须强迫自己来写。写作，是一种自我确认，是一种自我反省，它是我对抗这人世虚无的解药。

想起以前看过的一些书。有一本书里写到有一个富家小姐的家族在特殊时期一夕衰落，而她沦为洗衣妇。十个手指盖都洗掉的时候，她还要给人洗衣服去换人家的一节藕，然后仔细地切，在盘子里码成水果的模样做下午茶。另一本书里有个主人公的名字我现在还记得，叫陈白露。陈白露也是家族一夕败落，她无钱无势，一切名牌都买不起了。可是她还是她，买不起就不买，甚至柴米油盐都可以不买，但要把打工赚来的钱拿去买好茶。只能吃得起一碗白米饭的时候，她用顶级的茶水，给自己做茶泡饭。她从来不怨。她说：“我倒要看看什么世道能毁掉我陈白露，能毁了我的只有我自己。”

可见对抗人世虚无的解药，每个人都是不一样的，甚至看起来截然相反。但是，它们的功能是一样的，它们在时刻提醒我们，生活不只有眼前的苟且。

而另一个同等重要的理由是：我想借此告诉火娃，我并没有为他牺牲太多。我不希望有朝一日，有人告诉他他的妈妈很伟大，为了他她连十几年的根基都不要了，她甚至为了赚钱养家，心甘情愿放弃了写作，成为一个做小生意的老板。我不要牺牲，不要伟大，我会一直尽力保持自我，做我自己喜欢做的事。我希望和火娃一起成长，希望他不要担心、不要愧疚，希望他知道自己不是我的负累。

想起在我刚刚进入报社时，我的直属上司、副总编吴景娅，一个冰心散文奖获得者，曾经对我说：“你要踮起脚尖生活。”

那时 20 岁出头，这句话我当时觉得挺棒，但是也就那样过去了，就像其他我觉得很棒的句子那样过去了。而十几年后的现在，我突然重新想起了这句话。我知道，我已经懂了她到底要告诉我什么。那是一种适度的超脱：你要好好活着，你的脚一定要踩到地上，你要避开泥泞，要不垮塌、不陷落。但你不能只是好好活着，你不能只顾着赶路、只顾着避开泥泞，你要随时抬头，刻意地、用力地去踮起你的脚尖，你的鼻子要闻得到远处的花香，你的眼睛要看向更远的远方。

目录

第一章

我和自己：不管在哪里，都是和自己活在一起

千万别叫我励志妈妈

千万别叫我励志妈妈，我是真的受不起。

有哪个妈妈是天生励志的呢？没有。但是天塌下来了，你能怎么办？只能干脆躺平，当被子盖了。然后盖着盖着，你会觉得：咦，这个姿势也还好，并没有那么难受……

经常有妈妈问我："你到底是怎么想通的？""你有没有长夜痛哭想着'为什么是我'的时候？"当然有。

火娃是退行性的，他在一岁左右时是一个无比聪明的存在。你们必须耐着性子看看他小时候多么棒，这样你们才能稍微了解一点儿，当他被确诊为自闭症谱系障碍，快速变成另一个小孩时我的心情大概……也许……可能……是怎样的。

十个月时他就会叫爸爸妈妈了。一岁两个月时，他爸爸闲来无事逗他："长大了你想做什么啊？做农民还是做工人？"

他一个都没选，想了想，说："做一个冬瓜。"

他爸爸呆住了："为什么……做冬瓜有什么好的？"

他说："冬瓜好吃！"

翻看我 QQ 曾经的说说，可以看到很多这样的神回复。

一岁三个月时，我提着他的袜子问他："袜子是谁的啊？"

他看了看自己光光的脚："是脚脚的。"嗯，没毛病。

一岁十个月时，他小姨问他："火娃，你在干吗？"

他一边打滚一边回答："我在发疯！"

我问："火娃，你和妈妈谁白？"

他没有任何犹豫："火娃白些！火娃是白雪公主！"

他爸爸说："火娃，叫我！"

他冷静地喊："我！"

记得大概一岁多一点儿的时候，他已经会坐在露台上看着天上的云来自己造句了："天上的云，一会儿像个乌龟，一会儿像个兔子，一会儿像个车……"实在想不出来像什么时，说："一会儿像个火娃。"他一岁多就每天坐在桌子边看两个小时的书，记忆力惊人到几大本都可以背下来。可以这么说，他一岁多时的语言能力，是我现在无比希望他能达到的语言能力。因为现在即便他可以说更多的话了，但只是他接受的大量练习告诉他"你最好这样问""你最好这样回答"，于是他就这样问和回答了——自闭症孩子要么说火星语，要么说话一板一眼像书面语——那些句子也许语法是正确的，但是再也不是那些仿佛来自天上的语言了。

接着，可怕的两岁来了。他完全不跟同龄人玩耍，也无法跟随除了家人之外的任何成人，语言能力的进一步发展也几乎停滞了。我百度了一下症状，发现他有可能是自闭症谱系障碍。那时，我和他爸爸还没有离婚，等到他下班回来，我将他带到电脑前给他看那些症状，他还没看完，我已经开始号啕大哭。那时我真的觉得天塌下来了。我 30 岁，人生中第一次做妈妈：喂奶、换尿布、洗澡、擦屁股，长久地看一个小娃娃睡着的样子……全都是第一次，我享受这些有时候让人疲乏的喜悦。可才短短两年，仿佛那些曾经照耀我走过无数个第一次的星辰都已经坠毁，新的一个第一次就给了我这样一个全世界的医生都无解的难题，我真的被吓坏了。

后来，我们带他去了儿童医院的心理科和另一所据称更专业、拥有脑病研究所的大医院，他正式被诊断为“自闭症谱系障碍”。也就是说，他没有满足所有自闭症的条件，但是他有其中的一部分症状，是一个“谱系”的。惊雷已过，大雨已歇，真正的诊断到来时，一切反而变得像死水一般平静。

第二次也是最后一次去医院诊断结束后返程的路上，大概有 50 分钟车程吧。他爸爸开着车，我坐在后座上陪着火娃，他自在天真地玩着他的小车。我看着窗外，这是重庆一个惯常的阴天。其实这座城市没有任何改变，但看在我眼里就像被龙卷风席卷过一样，满目疮痍，全是灰，全是灰，全是灰……

没有人哭，也没有一个人说话。有数据显示，每 68 个孩子中就有一个自闭症。如果它总要降临到谁的头上，那么希望我们能在一个晴天知道这个消息，不要阴天，不要下雨，不要太热，不要太冷，要是一个朝气蓬勃的晴天，一个空气清新的晴天，一个有微风拂过的晴天……希望是这样。

快到家时，还是火娃打破了沉默。他看着远处的 M 标志，说：“我想吃麦当劳。”

我说：“好。我们去买冰冰的可乐喝吧！”

之后的日子看起来没有什么改变，我给他换了一所更贵的私立幼儿园，有可以单独看顾他的老师，也有感统训练的个训课程。那里的孩子几乎都生活在很富裕的家庭里，他们的父母有些是精英阶层，还有不少是家里富过几代的。不管大人还是孩子都非常有教养，至少没有任何一个人当着我的面向火娃投去任何异样的眼光，也没有任何“关切的询问”——不懂得或者不愿意去压制自己那些明知对对方不会有任何帮助的询问，本身就是一种缺乏边界的窥探欲的失控。

老师传来的照片里他总是笑着，和不同的孩子拥抱。他每天开开心心地上学，蹦蹦跳跳地放学。我接他的时候可以看到很多家长开来的豪车。把车停在马路对面，观赏学校门口各种炫酷的车型变成了我们的一个保留节目：“火娃，你看，那个车放行李的地方居然在前面！盖子揭开了！他爸爸把他的书包放进去了！！！”他目不转睛地举起双手趴在车窗上，整张脸被玻璃压得平平的，激动地大叫：“跑车！跑车！跑车！”

我也变得对他很放纵，要什么都给他买，做什么都可以。现在想来也许错过了很多家庭练习的时机，这使他越来越没有边界感。但我那时候一直在想：你这辈子还能有多少快乐呢？我把你带到这个世界上来，却让你受苦，也互相折磨。我们都太惨了，活下去本身已经需要费尽心机了，还想干吗呢？还能干吗呢？

在很多时刻，我的心里还会浮现出或轻微或强烈的恨意：他为什么要折磨我？我为什么要生下他？

我想大概是在这种潜意识的引导下，我做出了目前人生中一个最错误的决定——送他去寄宿。很客观地讲，这是当时我们看了十几所学校后，能做出的最好的决定。有的学校说他的症状太轻了："你得让他上普通小学，放在我们这里只会变得更糟。"可是对于普通小学来说，他的症状又太重了。

有的明显只是一个托管机构——脏乱差的地板，到处都透着一股腐败的气息。有一个机构我们去的时候正值周日，是寄宿的孩子们回学校的日子，家长们的脸上都是愁苦，孩子们则小小年纪就透着一股任人宰割的麻木之感。我在那里待了一个小时，一直对自己说不要轻易下判断，千万不要……可我度秒如年，那样的地方太让人悲伤了，如此无望，像被整个世界遗弃的孤岛。

我们把他送去寄宿了。创办人是一所大学特教专业的教授，我觉得它应该是专业的。后来我也和曾经教过他的老师们成为朋友，他们喜爱他，我是感受得到的。可是专业又如何？他变成了一个恐惧上学的孩子，而我变成了一个终日煎熬的妈妈。我努力地工作，逼迫自己去进行内心其实很厌倦的社交。我把白天和黑夜的时间尽量填满。可是，当结束一个饭局，和大家说了"再见"，一个人坐在车里的时候，没有任何预兆，我就会捂住脸不可遏制地大哭。

想到在同一个城市的某个小房间里，他可能正默默地躺在小床上，盯着看不清的天花板，不知道这一天一天的，什么时候才会过完。以他的年龄、他的智识，他怎么想都不可能想明白，为什么自己会被妈妈突然抛弃。

他和我一样心如刀绞，只是他无能为力，他甚至打不开那扇紧闭的大门。当有一个早上，他知道要去上学时，小小的手紧紧把住门框不愿意随我出门。他圆睁着带着恐惧的眼睛看着我，大颗大颗的眼泪从里面滚落出来……我知道在我濒临崩溃的时候，他也早就快不行了。

在送他去寄宿之前，我和他爸爸就已经离婚了。离婚的其中一个好处就是，你做任何决定都会变得比较容易。我当天就问了在大理开客栈的朋友：能不能带孩子来你们这儿住一段时间？然后，就有了突然举家搬迁到大理这一炮大烟花。但也正是历经了这半年多的寄宿时间，我的恨意渐渐消失不见了。我正式接受了我的命运和他的命运，此生我们将互相担待、互相成全，直到死去，还继续、永远活在对方的心里。

在很长一段时间里，我都受困于自己怎么能有过这样的念头，以至于羞愧难当。后来偶然看到一篇英国心理学家温尼科特的文章，讲的正是母亲恨婴儿的理由，我才知道原来这是正常的：即便生下一个很普通的孩子，也会在某个瞬间突然体验到这种恨，比如老公夜晚呼呼大睡而自己醒着给孩子换拉满了屎的尿不湿还被弹了一脸的时候；比如换上了新裙子要和久未谋面的朋友吃饭，结果孩子不仅号哭着不让你走，最后还哇地一口全吐在你身上的时候；比如你洗完澡看着镜子里自己下垂的乳房和再也回不去原状的腰的时候；比如两个人的谈话再也没有浓情蜜意，渐渐变成无性婚姻的时候；比如老板说你自从当了妈就不认真工作，而家人也在指责你居然还要去上那几千元工资的班不管孩子的时候……原来我不是个变态，原来恨意是需要承认它、面对它和穿越它的，我不能轻易去将它掩盖，掩盖就像肥沃的黑土，只会让恨的芽生长得更茂盛。

所以，并没有什么“想通”“醍醐灌顶”的时刻，总是会挣扎的，也总会有前进一步退后三步的时候。千万不要因为我曾经展示出来的特别爱孩子的朋友圈而感到自责，我只是将这些复杂的时刻放进心里，看着它们一直向上生长，等着它们慢慢过去，以此自我治愈。

就如里尔克所说：“有什么胜利可言？挺住意味着一切。”那些复杂的心情总是会来的，但也总是会过去的。毕竟他是这个世界上，第一个教我懂得何为亲情之爱的人啊。

任何不一样的生活，只是一个不一样的日常

有一天，我去朋友家玩儿，她谈到老家的旧友来大理旅行。旧友带着一脸的同情对她说：“你真的好辛苦啊。”

她说：“我比你年轻，比你长得美，日子过得比你爽。你在小城里辛苦一个月拿三千元，来次大理就算是见的最大一个世面了。有个老公天天把你呼来喝去你就觉得自己有资本来同情单亲妈妈了，你过的啥日子自己心里没个数吗？”

我们笑成了一团，太懂这个点了。就像在网上看到的一个据说真实的事，博主觉得修空调的师傅大汗淋漓太辛苦了，给他 20 元钱让他买饮料，结果人家师傅说：“不用了，你留着吧。我月薪一万五千元，比你们赚得多。”

有一天，有个只在一个活动上见过一次，我已经不记得长啥样子的男人突然在微信上找我聊天，开头是问我在大理的生活情况，当问到孩子的爸爸的时候，我很坦然地告诉他我们离婚几年了。他居然问我：“那你真的好辛苦啊，你恨他爸爸吗？”

我无言以对。

是不是在很多人的眼里，女人带着孩子离婚，不会有诸如“理念不合”“感情没有了”等简单的理由，必须是老公出轨，或者老公天天把她打得死去活来？是不是认为女人即便碰上了这些事，也是不能自己主动选择的，而必须等着老公来把自己一脚踢开然后就一直活在恨里？他说自己跟老婆感情也有很多问题。我就无语了，这种非常大男子主义的男人能跟老婆感情好那才真的是见鬼了。

自从有了个得自闭症的孩子，我得到的同情就更多了，已经到了无中生有的地步。有一天，我带着火娃去和一群朋友聚餐，因为最初上来的都是大鱼大肉，这个“不吃一切值钱东西”的小朋友顿时满脸不高兴，他看了一眼餐桌，小声叹了一口气，直接对我说：“妈妈，我想回家，可以吗？”

我只能赶紧安慰他：“等一下素菜就来了。”最后还好，厨师做了炒白菜、秋葵、毛豆……我觉得这个事太搞笑了，于是把它发在了朋友圈，结果底下有人居然说：“你真挺辛苦的，抱抱你。”

什么？你伸出了友谊的双臂，但是我实在不想抱上去啊，怎么办？

我在大理的朋友们都知道火娃是啥情况，关键是他们并不觉得这孩子这样活着有啥不对啊。他们把他当成一个普通而独特的孩子去看、去要求、去忽略（一定要忽略，因为所有的目光都聚焦在孩子身上本身就是一种监控和审视），但是他们会默默地更关心他。比如，他夹不到的菜，还没等我反应过来时，必然就有朋友帮他夹了，“盘子拿起来，接着”。我到哪儿聚会都可以带着他，而且他很听话。只要我的朋友在，他就可以自在地玩儿他的、吃他的，我也自在地和朋友聊天，只要在他需要帮助的时候提供帮助即可。就这么简单。到底哪里很辛苦值得抱抱啊，我的天……

当一个人铁了心要同情你时，你真的无处可逃，真的。你和朋友聚会，你很开心地抽烟、喝酒、扯闲篇儿，会有人同情你：“你看这个女人多苦，都需要通过抽烟、喝酒来麻痹自己排解苦闷了。”你带着孩子去旅行，会有人同情你：“你看这个女人多苦，带着个自闭症的孩子出门不知道多难呢！她也是没办法……”

当一个人对另一个人的生活设身处地，并顺利地产生了“如果我是她”的恐惧之后，他们就没法做到不同情那个假想当中的自己了。如果我说我和朋友在一起时，多半都是聊最近看的电影、书，分享心事、扯八卦、互怼、讲笑话，自闭症并不是我们永恒不变的主题，估计很多人都是不会相信的吧？如果我说孩子没有那么难带，火娃很听话，情绪很稳定，与家人、朋友的沟通无障碍，除了确实傻一点儿……我没觉得他有什么不得了的问题，很多人也是不会相信的吧？如果我说我早就接受了他没办法光宗耀祖的现实，我没觉得这辈子有什么很大的缺憾，我觉得带自闭症的孩子可以不用学奥数、不用高考、可以在淡季出去玩非常省钱，这些好处特别多，也是不会有人相信的吧？

因为很多人不相信“如果我的孩子有自闭症”，她自己还可以作为一个“人”，而不只是作为一个“自闭症孩子的妈妈”活着，所以难以想象带着一个“不一样”的孩子生活，到底是一种什么样的生活。那么，带着一个“不一样”的孩子生活，到底是一种什么样的生活？我的回答是：“任何不一样的生活，只是一个不一样的日常。”

我的高中同学 Kun 生活在加拿大。她曾经告诉我，在加拿大，像唐氏筛查之类的产前检查都不是必要的，是父母可以自己勾选的，因为整个社会有一个普遍的认识：即便是不一样的孩子，你也不能说那就是不值得一过的人生。她还给我分享过一个脑瘫儿童的爸爸写的书，那个爸爸大概表达的意思是：其实你想通了，照顾一个不一样的孩子只是你的日常生活不一样了。就和高血压、糖尿病患者需要日常服药或者改变饮食一样，这就是你新的日常，生活还是在继续。而且，这个新的日常是一天一天、一年一年逐渐养成的，不是一下子塞给你一个八九岁的陌生的特殊孩子，告诉你你要接受他。

每个带孩子的父母可能都有过这样的经历：一个两岁孩子的妈妈抱起你七八岁的孩子，大叫一声“我的妈呀，这么重你怎么抱得动”。可是，你是从他们才六七斤的时候就开始训练的，他们不是一下子就到四五十斤的，他们是一点儿一点儿长起来的，在这个过程中，你的肱二头肌也悄无声息地随之长了起来。

带一个自闭症孩子的信心和习惯，也是在这些年里一点儿一点儿培养起来的。这个新的日常，尽管在刚刚去接受和养成的时候，会让你觉得百般不适，就像电视里的小和尚上山修行，先要在腿上绑沙袋挑水，每个初阶和尚都会觉得“不行，不干了”。可是过了那段最痛苦的时间之后，他们开始觉得自己和腿上的沙袋可以共同进退了，可以如好兄弟一般一起健步如飞了。当大家摘掉沙袋的时候，简直要互相摁住才能不飞上天去。初阶和尚就是这样成为高阶和尚的。

我和火娃的关系，就是这样建立起来的。他的特殊，从前就是绑住我的沙袋。在头几年，我也是要死不活的，恨不得除之而后快！而现在，沙袋已经不见了，它已经变成力量长到了我的血脉里。咦？原来我现在就是个高阶和尚呀！

最关键的一点是，很多像我这样的家长，并没有尝试过养育不特殊的孩子……你懂那种感觉吗？就是你吃着鱼翅说“你这粉丝汤不行”，但我根本没有吃过鱼翅啊，我完全不知道鱼翅这高级货到底好在哪里，我觉得这粉丝汤味道还可以的……

还记得我上高中的时候，有一次家里来了客人，我爸妈带着浓浓的炫耀说：“谁知道读了这么多的书到时候能不能养活自己。”——那时我在重点高中，我还是我以前读的那所初中有史以来唯一一个被保送进重点高中的女生。

结果人家开心地接话：“某某现在已经买了辆摩托车了！姑娘读那么多书干什么？！”某某是客人的侄子，从小读书就像看天书，永远的倒数第一名，初中毕业就去学修车赚钱了。

我妈的脸一下就垮下来了。那个孩子放到现在，就叫“发育迟缓”吧。但是你看多好，那个年代没有医生给他贴上一个“你不正常”的标签，他也就这样傻乎乎地、跌跌撞撞地长大了，全家人都以他年纪轻轻就可以赚到钱买一辆摩托车为荣。他们没有因为“孩子不正常”而埋怨孩子，他们只是陪伴着他的成长轨迹，为他一点儿一点儿的进步鼓掌。

我在大理的日常生活，除去要打包发货经营微店、深夜写稿，剩下的也就是把火娃当成小白鼠，将我学到的知识一点儿一点儿用到他身上，带着他到处走走，同时为他一点儿一点儿的进步鼓掌。可能只有特殊家长，才知道孩子一点儿一点儿的进步，可以让我们开心成什么样子。那是普通家长根本无法理解的、来自日常细节的喜悦。

比如，有一天，我带着火娃去朋友家里玩，朋友家里那叫一个乱，到处都是东西。火娃从一个有一堆小物件儿的柜子上拿了一个小车，走的时候他问：“我可以把这个小车带回家吗？”我说：“不行，你得把它放回原处，但是我们可以下次再来阿姨这里玩这个小车。”

我已经做好了要给他反复做思想工作的准备。结果，人家居然乖乖地拿起那个车，恋恋不舍地把它放回了原处，走的时候还反复摸了摸。这代表什么呢？代表他的自控能力有了巨大的进步，而且他记得在一个陌生的、乱糟糟的屋子里，这个玩具原本是放在哪里！他对身边的一切和他自己的动作，都更有意识了。我简直开心得要飞起来了，当然朋友不能理解这一点，因为这对普通的孩子来说太正常了，她只觉得这个孩子好乖。是的是的，我们家火娃真的很乖呢，太爱他了！

还有一次，我和朋友们带着火娃去西双版纳旅行。早上我们开车去找吃早点的地方，最终找到了一个看起来是本地人吃早点的摊位。叫火娃下来吃饭的时候，他坐着不动，问了一句：“好不好吃？”

朋友说：“我也不知道啊，一起下来试试呗！”火娃就下来了。

扭过头来，这位朋友奇怪地发现我已经笑成一朵花，只差跺脚了。主动发问啊，我的天！而且还不是他已经学会的“我可不可以”和“可以吗”句式，是一个全新的日常问句！我根本没教过他！而且朋友就那样自然地让他一起下来试试，就像跟普通人说话那样。火娃也听懂了，估计觉得：嗯，你说得很有道理的样子，那咱们试试再说。这就是我为啥特别喜欢带着火娃和那些原本没有接触过特殊孩子的朋友一起玩。特殊孩子的家长，包括我，已经习惯了每句话都是“干预”，也习惯了每句话都往他们能懂的方向去措辞，渐渐地我们已经不大会说“人话”了。必须有普通人来随时给孩子演示，到底怎样说话才是正常的人际交往，也要顺便对我们这群不会讲“人话”的家长进行“干预”才行。

像这样令人欣喜的小细节，太多太多了。我不知道还需要怎样的事，才会令我更开心。

我以前的日常工作是做主编，做很多人口中的女神姐姐，不能说不开心，那是有非常强烈的成就感的。但我自己很清楚地知道，那也是一种逃避，我在用工作上的成就，来逃避我还没有做好准备，也还没有能力去面对的东西。怎么说呢，就像在一个破烂的井盖上跳舞，我舞姿优美，收获了很多掌声，但只有我自己知道，我一直被深深的井水困扰着——我惧怕它，我不知道什么时候井盖就会裂开，然后我就会没有任何抵抗之力地堕入万劫不复的深渊。而现在，我坦然面对曾经隐藏在井盖之下的东西。我曾经以为它是猛兽，但其实并不是，即便它真的是猛兽，那我变成驯兽师就好了。

在这个时候，我才终于知道，当日常生活是和谐、合一的，日常里没有两极，没有白天的光彩夺目和闭上眼后的黑暗恐惧，没有隐藏，没有对抗时，是一种什么样的感觉。那是一种“我等待随便哪种未来”的随意，它甚至已经不是勇气；那不是我接纳了孩子，是我先一步接纳了我自己。

一切为了孩子？不，大人的需求才是应该首先被满足的

2016 年 5 月的那天，当死活不愿意去上学的火娃，小手紧紧把住大门，死死盯着我，大颗大颗的泪珠往外滚的场景把我震得五内俱焚的时候，我给在大理开客栈的好友打了个电话，问：“你们家有可以长租的房间吗？”我说，我想带火娃去住一阵子。

朋友知道火娃的情况，也了解我是一个什么样的人。我想，他一定是从我不同寻常的郑重语调里听出了什么，所以，他什么都没有多问，只说：“住在客栈里人来人往的，对火娃不一定好。我们有一套租的房子，可以借给你们先住着。房子很大，你可以把你爸妈也带来，住多久都可以。”临上飞机前我才知道，那套所谓“租的房子”，原本是没有的。是他接了我的电话后，在村子里临时帮我们跑了很多天，才租到的一栋房子。他不想增加我的心理负担，所以在我们要启程时才告诉我。我和爸妈都感激不尽。事后问他，他说了一句话：“你们得住得舒服，你们得把你们自己先照顾好。”

那确实是一套非常舒服的房子。就在苍山脚下，院子大到除了有两小块地，还能停得下 4 辆车。门口是一大片蓝莓园，坐在家门口左边可以

看到高耸入云的苍山，右边可以直接看到洱海，时不时有小松鼠从眼前跑过。背后则是一条清澈的溪，是苍山十八溪中的一条，火娃的整个夏天几乎都耗在里面了。因为溪水太凉，上午不让他下水，所以每天吃过午饭后，小家伙就迫不及待地换上泳衣，提上小水桶，催着我出发。

溪水里的小石头，他都能玩上几个小时，一直说这块是乌龟，这块是小鱼，那块是螃蟹……我就是在那条小溪里发现原来这孩子的平衡能力和视觉的瞬间判断力可以这么好，因为在铺满石头的溪里，他居然是嗒嗒嗒跑过去的，还可以保证每次下脚，都能踩到比较大和平整的那一块。即便有时候踩到会偏的石头，也从来不会摔倒，一瞬间就能跳到下一块把握住平衡。这让一脱下鞋子就跌跌撞撞的我佩服得五体投地。

傍晚的时候，我们会穿越整个村子散步。白族的村子真的是干净又美丽，火娃对这里的一切都充满好奇，悄悄站在老奶奶的家门口看她养的鸡，在村里的篮球场边看大哥哥们打篮球，绕着圈圈奔跑。有一次，一个老单身汉模样的人在溪水里洗床单，居然是左手夹着烟，右手拎着床单的一角，动都不动靠溪水的冲刷来洗的，那是姜太公钓鱼的洗法啊！火娃明显被镇住了。他趴在溪边，一会儿看看那个床单，一会儿看看那个小老头，表情非常疑惑，直到把小老头看得不好意思地笑起来。

我家附近的小卖部，是村主任的太太开的，因为这个村子外地人不多，于是我们就得到了很多额外的照顾。比如，别的人不能把快递放在小卖部，但是我们家就可以；比如，他们非要给我家送自己种的蔬菜。拿了一包，那可不行，得拿三包，不装满不准走；比如，听说我们想买鸡，村主任大人就派人帮我们问谁家的鸡是愿意拿来卖钱的，找到的那家，当然看在村主任大人的面子上，比菜市场的肉鸡都卖得便宜；比如，我们去借锄头想挖地种菜，村主任的太太不仅借了，而且将这个消息告诉了村支书的太太，于是村支书的太太就背着她的小孙子，给我们送来了种子，不仅如此，还非得亲自给我们撒上，我们感激得只差当场跪下；再比如，每次路过，村主任的太太都要热情地问火娃：“要不要吃糖？”“要不要吃巧克力？”我们在一边忙不迭地感谢加拒绝，火娃已经一边开心地回答“要！”一边跟人家进去拿了……装满两只小兜兜，蹦蹦跳跳地去散步，那叫一个得意扬扬。

这个傻孩子，你不知道你仰仗了多少来自陌生人的善意。一切看起来都很好。可是，这个村子有几个致命缺陷。

第一，它没有广场舞。广场舞是我妈的一条命，一天不跳那真是浑身无力。

第二，它没有大超市，想逛大超市必须开车去古城。大超市是我妈的另一条命。

第三，它的快递只有邮政和顺丰能到，其他的全部得去镇上拿。我爸大热天骑车去了好几次，已经要崩溃了。

第四，一到天黑，它太安静了，安静得让人害怕。

其实，我和火娃是觉得很舒服的。但是当有一天我听到我妈跟我姨妈打电话，说：“唉，一切都是为了孩子嘛。”我觉得我必须得做一些改变了。因为我很不喜欢家里有人有“牺牲”的感觉，我太知道“付出感”会对整个家庭的气场产生多大的影响了。如果爸妈觉得在为我和火娃牺牲自己的老年乐趣，我会觉得愧疚，这种愧疚会在生活的很多细微之处蚕食这个家庭的快乐。比如，每当他们说要去市场买菜时，我就会特别担心，万一小市场没有买到他们想要吃的菜呢？如果家里的某种调料刚好没了，我又要担心，要是小卖部刚好没有这种调料呢？在孩子已经睡了，而家里的Wi-Fi又刚好不给力的时候，我的愧疚感又唰唰唰地起来了，完了，这下他们得睁着眼睛等着瞌睡到来了，怎么办，怎么办，怎么办？我好对不起他们！如果哪天晚上我们开车去古城玩，他们会在灯火通明的街上开心地溜达，然而当我们开车往回走，就要告别这个繁华的世界，开向静悄悄的村子时，我似乎都能闻得到后座上传来的遗憾的气息。

是的，我就是这么敏感，我应该是一个长大了的、隐藏得很好的特殊儿童。而愧疚一旦积攒得更多，一定会转变为抱怨。在我觉得最愧疚的时候，我甚至开始对爸妈产生怨恨：在我最困难的时候，你们为什么还要让我生活在愧疚之中？我有孩子要带，还要赚钱，你们就不能自己找点儿乐子吗？！在这样的状态下，我真的没有办法全心全意去和火娃过快乐的日子。我会忍不住对自己发出疑问：“我这样做真的是对的吗？”

我相信孩子具有敏锐的知觉，他们都是感受得到的。而且，当我把太多的精力消耗在担忧、歉疚和怀疑上时，我的身体也提出了抗议。那段时间，我最明显的症状就是喘，上个二楼都喘。每天晚上不到9点就只想睡觉，第二天早上也根本爬不起来。我觉得真的好累好累好累啊……

对比来看，现在我白天带火娃去上课，下课后回家处理订单、打包，晚上还要写稿子，工作强度和当时相比多了5倍不止，但是我觉得精力是满满的，我很少有特别疲惫的感觉。因为我知道我要做什么，我的每一件事应该怎么去做，应该分别分配多少精力——我很确定我在做的每一件事。

所以疲惫首先是来自心的。那种对什么都不确定的心累的感觉，会让一个人渐渐流失生命力。而一个正在流失生命力的人，如何能撑得起另一个小生命？

于是我就开始了到处找房子的生活。这次我首先圈定了地理范围：必须在大理古城周边，步行能够在 15 分钟内走到古城。关于房屋的构造，我考虑了一下我要在大理如何谋生，除了做微店和继续写稿，可能做 airbnb 那样的小民宿是一个不错的选择。以我的精力，我只想有两个带独卫的房间用来对外，加上自家人的卧室和工作室，最合适的卧室数量是 6 间。还有一个必要条件：必须和房主独立，绝对不能和房主共用院子，一个门进出。火娃是个还没有建立起界限感的小孩子，而且小孩子本身就调皮又好奇，我不想把太多的精力消耗在和别人说抱歉上面。其他诸如要有大院子、要美丽、房子要新，等等，我觉得只是锦上添花的东西，有当然更好，没有也无所谓了。

这样一来，朋友们帮我寻找的房源一下子就可以清晰地进行筛选了。很快我就确定了在大理的第二个家，一切必要的条件都满足，它刚好有 6 间卧室，步行 10 分钟即可走到古城，虽然房主就住在同一栋楼的一楼，但是我们是单独有一个大门进出的。

简直是完美，有没有觉得？

当然，它最初看起来其实是很糟糕的：整个房间就像一个垃圾场，是至少 3 年没有认真打扫过的样子。墙壁上到处都是孔——没关系，清理就行；除了 3 张桌子和破烂的木沙发，几乎没有任何一件可以直接用的家具——没关系，买吧；4 个卫生间里，所有的水箱和龙头都是坏的——没关系，换就好了；从二楼去往天台的台阶是没有扶手的，天台的围栏只到火娃的大腿，非常危险——这个有点棘手，不过还是没关系，安个扶手，加高围栏吧；最让我忐忑的其实是最后一件糟糕的事：转手给我的二房东和真正的房主关系闹得很僵，在二房东的嘴里，房主一家都是蛮不讲理的“可怕的当地人”，他甚至警告我，不要把车停在这个村子里——“本地人仇视外地人，你的车肯定会被当地人划的”。

我好好想了想，最后觉得，人和人的相处，绝对是相互的，像我这么知书达理、亲切善良的美人，应该会得到房主和邻居们的喜爱吧？然后我就开始了长达半个月的大清理。还是要感谢我在大理的这一帮壮劳力朋友，他们在两天之内，帮我安顿好了所有从淘宝买来的东西，床、水箱、龙头、抽油烟机、冰箱……他们还顶着烈日，花了整整两天时间，帮我买来铁管等，焊了二楼到天台的扶手，还把天台所有的围栏全部加高，多余的铁管还给我焊了一把长椅。他们的脸都晒脱皮了。

那几天，我的厨具还只有一个朋友援助的电磁炉和一口炒锅、一个电饭锅。我只能煮上一大锅咖喱牛肉给他们吃。也许是太累太饿了，居然收获了一片掌声。

还有个小哥哥又花了两天时间，帮我去选了墙漆，用腻子膏仔细地把墙壁上的洞填好。我们俩一起把整个房子刷得白白的。我就是那两天学会了刷墙，等刷完了，筷子都要拿不稳了。

我没有好好感谢过他们，但他们为我做的所有事，我都记在心里，还默默地想着，这辈子有用得上我的地方，只要开口，我都要做到。

半个月后，我们搬进了这个从无到有的新家。我妈开始到处挑选可以跳广场舞的地方，对比每个地方的优劣；他们开始欢天喜地地去各个菜市场和超市，对比蔬菜的价格；火娃则迷上了去天台奔跑，躺在桌上看云；晚饭后散步再也不需要天黑前回家，我们走遍了灯火辉煌的古城，从东走到西，从南走到北……

我的心一下子就安定下来了。其实，每个去过之前朋友帮我租的房子的人，都会说以前的房子多好，现在的房子怎么怎么不好，又不雅致又小，村子离古城太近，又乱又吵闹，还没院子。我的好朋友 J 每次来都会开玩笑："你们家唯一厉害的也就是这个大天台了。"

可是只有我知道在这两个地方，家里的气场有多么大的不一样，一个确实很美，但是所有的成人都是压抑的；一个确实看上去很普通，但是所有的成人都是安心的。家人都知道，从现在起，我们不再是漂泊的客人，我们真正开始在大理生活了。也是在这个房子里住下来后，我和我爸妈才慢慢找到了在家庭内部带领火娃的方式。他们很安心地配合我，如何让他从接受一步指令，到接受两步、三步指令；如何教他做家事，比如一起把打包好的快递箱从二楼搬到一楼，比如在厨房里剥豆子、切菜；还有语言练习，三个成人配合起来，就是最初级也最重要的"人际交往"了。

所以，每当有妈妈抓狂地问我到底怎么才能好好"干预"孩子时，跟她们聊下来我都会发现，每个抓狂的妈妈，背后都绝对不仅仅是孩子的问题。孩子只是一个放大镜，将所有的工作压力、夫妻不合、婆媳矛盾……全部放大而显得尖锐起来，真正该首先被"干预"的一定是成人。一旦成人抱有了"一切为了孩子"的念头，就会在潜意识里将当下遇到的所有糟糕事都归因为“只因有你”。这其实是变相地将所有责任都推给孩子，而没有想过，即便没有这个孩子，以我们面对问题和解决问题的方式，我们就真的能将家庭和工作中遇到的所有困难轻松解决吗?

孩子何其无辜，能担此重责？所以承认吧，我们其实只是又自私又很擅长推卸责任的狡猾的成人。但既然如此，我们就接纳吧！先满足自己的需求，再来谈什么叫付出。

只有房间知道

2017 年初，我们在大理生活了 7 个月后，回到重庆过年。此行有两项重要的工作，第一项是收拾更多的家当用物流运到大理，毕竟之前以为在大理不会住太久，所以我和我爸妈带着火娃去大理的时候，只随身带了 3 个箱子；第二项工作就是收拾屋子，我们决定把重庆的房子租出去。所以在重庆的这个月，我有接近一半的时间都在收拾，准确地说是扔东西和修东西。

房间和人的关系，我是在回到重庆的家中，才有了醍醐灌顶式的"叮"一声响。在离开之前，我在这里住了将近 10 年，之前从来没有觉得哪里不对。事实证明，不管是人与人的关系，还是人与物、人与空间的关系，都需要隔开一定的距离，跳脱开去，你才能好好地审视和反省。再次相见，这个我离开了 7 个月的空间的每一处，都在告诉我，从前的我对生活是怎样可怕地失去了觉知。家里的一个洗手台盆已经坏掉接近 3 年了，甚至在盆底生出了委屈的绿斑；厨房的纱窗已经被油烟包裹成一团黑雾；储藏室里堆得满满当当的物件，翻开来看，很多居然是刚刚装修时就留下的，将近 10 年的时间没有用过，也没有想过要丢弃，因为我根本就没有意识到它们的存在；衣柜里的很多衣服，是我早就知道不会再穿的，我却任由它们藏在角落里；还有很多早就坏掉的东西随意地放在某处——已经不能开机的旧式手机、按键都已经不齐的遥控器、线已经断掉的耳机，甚至还有一个坏了 3 年的滚筒洗衣机，一直放在阳台上，上面覆盖了 7 个月来积攒的灰尘和树叶……

没有觉知。一切都显示我曾经如此没有觉知。这个触目惊心的发现让我羞愧难当，同时生出一种极大的庆幸。庆幸现在的我已经走过那个没有觉知的可怕阶段。于是，我花了大量时间来整理那些旧物，除了干净且新的衣服由爸爸帮我拿去捐掉，剩下的加起来我想我丢掉了起码一辆小卡车的东西。

我修理了台盆，它发出欢快的水声；我买了新的吊灯，整个屋子都暖暖地亮起来，连我们家的兮兮猫都发现现在蹲在灯下的椅子上感觉有些不一样，它一直抬头望；我用裁纸刀仔细地沿着边缘把黑乎乎的纱窗割下来扔掉，然后整个厨房哗地一下明亮起来；储藏室则像个摆脱了 70 斤赘肉的俊美男子，现在光明磊落、相貌堂堂地站在我面前。

我突然想起，很久以前一个朋友让我去他家里拿我借的一个东西，虽然那天阳光明媚，但是他说他不想下楼。当时，我只觉得去那里不是个很好的体验，但是现在我仔细回想了一下，我知道了我当初感受到的是什么。那个房间有一种无形的抵抗力在把我向外推。客厅里的一切都灰蒙蒙的，看起来和他这个人似乎没有任何联系。他在抽屉里翻找给我的东西时，我看到那张乱糟糟的书桌上，一摞书的边缘已经是黑色的——如果把那一摞书搬开，桌上会留下一个长方形的、由灰尘形成的黑框。

其实，我看过很多非常有才华的人的乱糟糟的书桌，还曾经看过一篇文章说的是扎克伯格、乔布斯，还有什么大佬们的书桌，都是乱七八糟的。但是那种乱，是桌子上每一个东西，他们都知道在哪里，他们都会用到。而他的乱，是没有觉知的乱，是一切都与我无关的那种忽视。回想起那时他的整个生命状态，和多年来的我是一样的。内心充满无能为力的焦虑，然后用一种冷漠的平静将它包裹起来，假装看不见。

那大概就是一种房间知道，而我们自己选择不知道的，逃避生活的状态。这样的觉知，除了离开一定距离之后再回头看的“叮”，背后的根基当然来自我整理在大理的房子。这个过程，在之前的文章里我已经讲过了。

现在回过头去想，那些打乱仗的日子，虽然身体真的很累很累，但是，那些知道自己每一刻都该干什么的日子，那些家里的每样东西都知道放在哪里的日子，那些不添置任何非必需品的日子，那些关注每一个细节并能感受到每个细节的活泼及厚度的日子……真的，太过美妙，以至于此生难忘。所以，才有了一回到重庆，看见我住了将近 10 年的屋子，脑子里那一声响亮的“叮”。

当然，其实现在我在大理的家依旧很乱。哈哈哈，这是不是一个很好笑的反转？但我很清醒地知道，这个乱，和当年的乱已经很不一样了，当年的乱是没有觉知的，而现在的乱是因为我真的没有那么多的时间和精力。我知道它不对在哪里，我也在尽最大努力关照每一个细节。

谨以这篇文章，警醒自己：要一直以一种保持觉知的状态，真实地活在生活里。当我们没有对生活中的一切保持敏感的敬意时，那活得一团糟大概也是我们必须承担的后果——这种糟糕会一直提醒我们“一切都会好的”只是一句人间空话，生活绝对不会自然变好。今日没有做到的，都会积攒起来，让你必须在将来的某刻一一努力偿还。

“活在当下”到底是什么意思

我有一个朋友，工作特别忙，生活节奏也总是特别乱。她知道我也忙，可是，用她的话说：“有事儿的时候才发现，身边没有一个人是可以说的，只有你。”

很多人都这样说，即便是素未谋面的陌生人。一方面可能他们觉得我实在太美丽又亲切，不像是个听着人家的痛处就会嘲笑的人——千万不要因为你们实在需要倾诉就对我有不切实际的美化，我比这种人也好不了多少，我会听了你们的痛处就把它写到书里去卖钱。另一方面，估计是觉得我已经太惨了……不仅听了十几年各种千奇百怪的故事，自个儿也是啥事儿都能遇到，还有什么不得了的故事，在我这儿够格一惊一乍呢？接下来就是她把我当树洞的场景之一。

下午 4 点的时候，她会告诉我：“我今天忙得要死，现在才能出来吃一碗炒饭。”然后就开始吐槽她的拍档到底多么奇葩，什么都不会却装得什么都会，于是她要分很多时间去帮她的拍档擦屁股，开会的时候拍档还要恬不知耻地代表她们俩发言，这不就是抢功吗？

我在百忙之中耐心地听了十几分钟的语音。真的，能够让我一连听十几个每个超过 50 秒的语音的，都是生死之交（某人，你要记得，逢年过节给我发红包）。听完了我问她：“你吃的啥炒饭？”

她想了一会儿，很不确定地说：“牛肉？反正很难吃，我觉得说是老鼠肉也不为过。”

“牛肉加啥炒的？饭是硬的还是软的？里头加了什么作料？配了汤没？汤是用什么熬的？”

她骂我：“你个神经病！身为朋友，这种时候要跟我一起吐槽那个人才对啊！”

可是亲爱的，已经很多天了，你每天跟我吐槽“那个人”，我没见你吃过一顿正经饭。你甚至因为和我吐槽到凌晨一点倒头就睡，忘了你的洗衣机里还有衣服，到第二天晚上才发现，它们已经全部委屈地自己烘干了。是谁痛彻心扉地告诉我，唯一一件超过 1000 元钱的衬衣，就那样被自己“不小心”丢进洗衣机一起洗了，还因为超过 24 小时没晾，脱色又变形，再也没办法穿出门了？你已经被“那个人”控制得太多，你那么那么不开心，只是因为你已经很久都没有“活在当下”了。

我觉得“活在当下”，不是一个需要你做很多心理准备才能很正式地去实施的一个目标。那么多人说羡慕有的人可以“活在当下”，说得好像这是一件多难的事。可是，它没有那么庞大，没有那么难，它是存在于你生活的方方面面的。很简单，当你洗衣服时，心在手上；当你吃饭时，心在舌头上；当你喝咖啡时，心在杯子里；当你工作时，你一心一意地只在那件事情本身——这样就可以了，这就是“活在当下”。每个人，不论贫穷与富贵，不论境遇如何，践行“活在当下”最好的时间，就是当下。

而你的现状是：洗衣服的时候，想着白天那个人给你气受，明天还要接着受气，所以你根本不知道你洗的是啥，1000 多元的衬衣就这样惨死在你手上；吃饭的时候，跟我吐槽如何给那个人擦屁股，所以连你刚刚刨进去的一大碗炒饭到底是用啥炒的、什么味道都不记得；工作的时候，你一直想着这么努力有什么用，最后那个人都会来抢功。你的老板为什么一直没有站在你这边？不是他不懂，是身为一个老板，真的不喜欢看到手下的人带着这么强烈的情绪去做事。连喝个咖啡你都在偷听，当你在茶水间时，是不是总想听听那个人有没有跟别人说你的坏话？你的手不就是这样被烫伤的吗？

你老说羡慕我的好心态，我告诉你，其实正是火娃教会了我什么叫“活在当下”。如果那个时候你来大理看我们，没有专注于抱怨自己的生活，如果你能够好好地看看火娃是如何每做一件事情，都投入百分百的专注的，你就知道什么叫“活在当下”了：即便刚刚受了委屈，眼泪还没有擦干，但拿起一根铁丝，要用它来做一只螃蟹的时候，他的整个世界立马就只有那一根铁丝了；玩积木的时候，他可以不吃不喝坐在地毯上整整两小时，把它们拼成各种各样的形状，然后为自己鼓掌；帮我把茶针套上封套的时候，即便外婆问他等会儿要吃什么水果，他都是听不见的，他会仔细地检查每一根茶针是否都套上了，一根都不能少；在天台上用一只水桶玩他的“水下王国”的时候，他会翻遍玩具箱，找出各种各样的水生动物，然后一趟接一趟地用小盆子从二楼接水上去，这样的游戏可以持续一晚上；练习用笔的时候，他每一笔每一画，都像用尽了全身的力气，我感觉他的整个精神都集中在笔尖上……在做那些事情的时候，他不会记得自己是一个不一样的小孩，尽管他清楚地知道；他也不会记得刚刚发生的不开心的事，也不担心接下来会怎样。

孩子都是活在当下的，但是成人总是受困于焦虑的过去和迷茫的未来。我曾经就是那样。在这本书里的《只有房间知道》那篇文章里，大家可以看到曾经的我，对生活是多么没有觉知。那个时候真的太焦虑、太迷茫了，所有困难我都不知道怎么面对，对以后的生活也有巨大的恐惧，那些忧虑让我丢失了“当下”。我甚至不记得在那些年里我有没有好好做过一顿饭。我总是感觉很累。其实比较起来，现在我的身体肯定更累，可是我的心并不这样觉得。所以，曾经的我不是累，而是被忧虑掏空了身心。

很久以前，我就在网络上看见过一句话，据说是一个禅师说的，大意就是：好好生活的意思，就是该吃饭的时候吃饭，该睡觉的时候睡觉。那时我是不知道其背后的含义的。所以，看了也就看了。我是把我的生活全部颠覆，过上一种从前没有想过要过的生活后，突然有一天意识到，哦，我好像真的渐渐“活在当下”了。

大理是一个大型的生活社区，大家的社交活动很多时候都是在彼此的家里。所以，我开始花很多的时间自己做饭。我发现即便只是随便百度一个菜谱，我都可以做得很好吃。其实，只是因为我在做饭的时候就真的是在享受做饭的过程，还有和朋友、家人一起分享食物本身。喝茶的时候，就是喝茶；聊天的时候，就好好聊天；看剧的时候，就沉浸在剧里。而一旦我被别的事情牵扯，没有活在当下，火娃总是用他自己的方式把我拉回来，他的直觉真的是太敏锐了。白天我在学校给他上课的时候，如果我自己是全神贯注的，他的状态就总是特别专注。而一旦我需要回一个微信，或者被一些事情影响了情绪，尽管我会很有意识地把自己拉回到“老师”的身份中，但他的专注力早就全部跑掉了。

记得夏天的时候，我的微店里在卖松茸。有一天，遇到一个很不讲理的客人，突然说要退款退货。那时已经发货了，因为松茸不易保存的特殊性，之前是讲明了不能退，但收到货的时候如果有质量问题可以补发。可是她很强烈地要求必须退款，没有原因，就是不想要了。私信来来往往太费时间，我不得不在教室外面与她电话沟通。不到 5 分钟，等我回来的时候，火娃已经走神走到天际。

因为我自己的情绪变动，接下来我们变得很胶着。我强迫他继续完成那一页的贴纸，而他则故意乱贴一气，还对我要他重新来做的指令充耳不闻，不仅趴在桌子上不起来，还开始唱起歌来：“我有一头小毛驴，我从来也不骑……”他似乎在说：“你不要装了，你已经不一样了，既然现在你的心根本没有在这里，我又为什么要在这里？”当时，我内心突然起了一个恶念：“老娘为你付出这么多，赚钱养你这么难，你居然敢这么不听话？！”

成人真的好可怕是不是？动不动就谈付出——洗衣服，我不是在洗衣服，我是在为家庭操劳；动不动就被带走情绪——我明明白天是特殊治疗老师，这是我自愿选择并也想通过教育这个小白鼠而得到自我成长的职业，但接了一个烦人的电话后，我就不是了，我成了“隐忍的、不被理解的、没有得到回报的伟大的母亲”。

最后，他干脆撕掉了贴纸，直视我的眼睛，很大声地告诉我：“我不想贴了！我要回家！”

我也毛了，直接对他吼道：“那你自己走回去吧！我才不要开车！”

他夺门而出。他当然没有自己走回去，而是跑去后院玩沙了……等我从气得半死的委屈中回过神来、深刻地认识到自己的错误、很㞞地去请求他原谅的时候，他正拿着木勺子和一个小桶装沙。

我嬉皮笑脸地、讨好地问他：“火娃，你在干什么呀？”

他头也没抬，但是一脸满足地回答：“我在做奶粉！”

我感觉又被打脸了……人家这就叫“活在当下”。不管刚刚你给我什么气受，现在小爷在玩沙，沙池就是我的天下。

很多特殊的家长都曾经问我，为什么那么忙，我的生活里还能有美食美景，还有那么多乐趣。不说我也知道到底问题出在哪里。那是因为，我们都曾经这样过——吃饭的时候，没有好好吃饭，只想着我有一个特殊的孩子；睡觉的时候，没有好好睡觉，只想着我有一个特殊的孩子；看电影的时候，只是勉强在看，心里想的是我有一个特殊的孩子；和孩子一起玩的时候，也没有进入他们的世界，想的只是我有一个特殊的孩子。我有一个特殊的孩子……我有一个特殊的孩子……我有一个特殊的孩子……余音绕梁，365 日不绝于耳。

当下不存在了，剩下的只有无尽的恐惧：我这辈子，还有他们这辈子，都已经毁了。

我们总在说，生活为什么总是在给我们迎头痛击，可是想来，我们似乎也并没有好好地对待生活啊。

未来的困难无法现在根除，但自信可以让我们穿越无数黑夜

在我决定离开重庆时发了一篇公号文，那是我第一次向外界正式公开：我要带着自闭症的儿子去大理生活了。那真是一石激起千层浪。发送完公号文的当夜，因为有太多太多的信息和电话，我在凌晨 3 点多的时候实在挺不住了，只能把手机关掉。我身心俱疲，但内心满满的都是感谢。

我跟朋友说："可见我在这座城市十几年，攒的人品不算差。可以毫无遗憾地走了。"

然后，这一年多来，我不断在回答相似的问题："你怎么能那么有勇气？"听得太多，我就仔细想了想，自己到底有没有那么厉害。

有一个自闭症的孩子，嗯，已经是人生重创了；这还不止，还离了婚；离了婚还不止，还辞了职，没有了稳定的收入；不仅要写稿子、做微店来养家，白天还要带孩子上学、做老师，夜晚还要写书……

我在群里问我爸妈和我妹："我是不是真的像他们说的那样厉害？"

他们异口同声："厉害！你最厉害！！！"

我妈最疯狂，说："你是我的偶像！这个世界上我最佩服的女人就是你了！"

我当时只有一个感觉：完了，人人都觉得我厉害，那看来我是没什么希望嫁出去了……多厉害的男人才敢要我……

还有很多人问我："怎么看你都不怎么愁啊？怎么才能像你一样做到不愁呢？"跟我特别熟的人会知道，我不是假不愁，我是真不愁。除了还是很想赚钱以外，我对未来的一切都没有那么愁。

为什么不愁？很简单，因为愁没有用。

关键是，人活一辈子，总是会遇到这样那样的困难吧？每个人都会遇到的啊。未来的困难是不可能现在根除的，但是只要有遇到困难就去面对的自信，天塌下来也可以当被子盖。

但是，我有没有面对困难特别犯愁的时段呢？当然是有的。刚开始知道孩子有自闭症的时候的那些愁就不说了，把你词典里所有"愁"的同义词和近义词都翻出来讲一遍，这些加起来，再乘以 10 000，就是我当时的状态。

带着孩子来大理后，我特别愁或者说特别焦虑的时候，是我在纠结：我究竟要不要自己做老师带孩子？对于这个，我从前一直是抗拒的，所以我去了很多的学校尝试看他们是否能够接收火娃。我那时坚信，自己带孩子会让我失去自我。

但是，自己带孩子的好处肯定也是毋庸置疑的。

首先，这个世界上没有人比我更理解火娃，而理解，在我看来是超越一切技术和理念的东西，没有理解，不要谈什么"干预"，那些都是大人自以为是的干预罢了。

其次，我很清楚地知道，火娃确实没有办法上集体课。人际交往能力还不是最主要的问题，核心的问题是：他的听觉发育过度，对嘈杂的人声、细碎的噪音，甚至是风声、小虫子爬过的声音都很敏感——与声音的大小基本无关，他只是对无序的声音比较敏感，比如听儿歌或者古典音乐时他就会很专注、很享受，但是走在路上会时不时地看见他突然撩起衣服去堵耳朵，尤其是左耳朵（为什么是左边？左右两边的听力会有敏感度的不同吗？很遗憾我一直不得而知，对此有研究的读者请一定联络我，谢谢）。置身于一个集体中，对他来讲太难了，他的注意力随时都会被带走不说，而且一群人在一个小空间的那种气场，会让他十分焦虑，直至崩溃。在他还没有对集体足够脱敏之前，适合他的教育模式，真的就是一对一，或者一对二，最多一对三，不能再多了。

还有最后一个因素是：目前我还没有遇到一个学校真正能够做到因材施教，直接针对每个孩子当下的能力和兴趣给他做拓展。毕竟，那是一个集体。火娃的一些基本能力暂时还达不到入读小学的程度——至少要能懂得“上课需要坐下来”这个规则吧，这样才不会给学校添太多的麻烦。如果一个学校，既无法让他学习到知识，又让他焦虑，那么，上这个学除了让身为妈妈的我在孩子上学的日子变得比较轻松，在人家问起时可以装作一切都很好地说“我的孩子在 ×× 学校读书”以外，意义到底在哪里呢？

融合？不，我的个人理解是，在孩子的基础能力（比如要学会用语言去表达需求，具备基本的语言理解能力）达不到的时候，融合的环境只能让他更自卑、更边缘。融合，只是大人的梦幻泡影。

在左右摇摆、权衡我与他的利弊的时候，我真的是要愁死了。愁到连朋友善意地劝我：“你这样下去会早死的，跟我们一起跑跑步吧。”我都可以直接冲人家大吼：“滚！！！”

承蒙不弃啊，在那个阶段遭到我百般凌辱的各位亲朋好友。

最后，我觉得这样下去，不仅火娃每天只能瞎混日子，还会把我自己搞死。像我这样趋利避害的现实主义者，当然是选择只要活着，就得尽可能好好地活着，活得体面，活得舒适，活得像个人样儿。困难放在那里不去面对，只是因为恐惧；恐惧放在那里不管，只会不断加深等级。我得穿越它，至少要面对它。

于是，我硬着头皮开始带孩子上学。这些年好歹我也算学了不少知识，用吧！想来我真是运气超好，就在我的草台班子刚刚搭起来没几天，我的老师、澳大利亚著名的治疗教育专家芭芭拉·鲍德温就来大理探望朋友，自然也就顺便来参观了教室，手把手指导我如何进行课程设置。我们还专门就火娃的问题做了长达一个半小时的个案咨询，对如何带领火娃的很多具体难题，我有了更清晰的方向。我们还开始筹备在大理的特殊家庭治疗教育项目。两个月之后，这个项目顺利进行了第一次，芭芭拉带领包括我和火娃在内的 8 个家庭，在苍山脚下的一个民宿里度过了四天三夜。

我的心就这样慢慢安定了下来，我不再只把自己当作一个妈妈。在学校的时候，总有一个我跳出来审视：我这样带领他的逻辑到底成不成立？我的言语是不是应该变得更有质感？如何把他喜欢玩的游戏往外再拓展一下？我教育他的最终目的到底是什么？很奇怪的一种感觉就这样出来了——从外壳来看，我的困难在增多，毕竟，在工作日给自己的孩子做老师，看起来是很大的时间及空间压榨；但从内核来看，一切困难又仿佛都自然地烟消云散了。也可能是因为对我这样一个不管对自己还是对孩子都要求很不高的老师来说，火娃的确是个很好的学生。他容忍了我的很多失误——比如刚开始时我总是很乱，需要用剪刀时发现并没有剪刀，需要用胶水的时候发现并没有胶水——他却能在这些失误过后，依然愿意愉悦地配合我，去穿越他自己曾经恐惧的迷雾。穿越过后，他本人其实是比我更开心的。

所以，现在，“你开心，还是我开心？”变成了衡量“这个进步到底能不能算进步”的标准。如果只是我觉得很满足而他不开心，那么我就会告诉自己：放弃得到这个“进步”的方式，你让他不开心了，不开心是厌倦的前奏。对于火娃，我并不需要他为了满足我而活着。我希望不管他前进多少，甚至后退也行，总之不管他是什么样子，都不会觉得孤单，都会相信我永远喜爱并且支持着他。

所以说，有些困难其实在你决定面对和接受它的那一刻，它就不存在了，你甚至不需要去做什么事来解决。或者也可以说，有些困难，本来就是不解决也没问题的啊。安德烈·纪德在《人间食粮》里说：“我生活在妙不可言的等待中，等待随便哪种未来。”

对现在的我来说，就是我“生活在平静的等待中，等待随便哪种未来”。——说妙不可言太过分了，毕竟我这么穷，而且还没有嫁出去，怎么能妙不可言得起来！

我这个人呢，其实比较耽于逸乐，觉得不管是对大人还是小孩来说，人生短短几十年，又不是要活永生永世，在做到本分的努力的前提下，享受肯定是非常重要的。所以我向来奉行的是“你打我，我就跑”的人生准则，我不是一个特别会和困难抗争的人。

比如，工作和孩子我无法兼顾，我想的不是如何发挥主观能动性去更高效地兼顾两者，我是直接辞职了。

比如，知道孩子上普通小学真的很困难，我就从来没想过让他去上普通小学，我去给他找愿意收他的私立学校。

比如，试了好几家私立小学，人家不收，或者提出的条件和态度让我觉得不舒服，那我们就不上嘛。找人走后门？哦，我确实还认识蛮多人的，然而我没有那个习惯。找人把孩子弄进去又能怎样呢？大人可能高兴了——我的孩子有学上啦！但小孩子在一个不是从本心去接纳他的环境中，可就惨了。要不，干脆我给他造一所学校？可是，造一所学校又没人又没钱……那我就狠下一条心，干脆自己给他当老师吧，不然光在家里关起门来纠结，都可以把我自己弄死。

比如，想到学那么多文化知识也并没有太大用，以这个孩子的智力是不可能考大学的，那我们就干脆慢慢来嘛。别人花一年学会的，我们花 5 年、10 年也是没问题的啊。特殊孩子的天花板总在那里，我们跳得矮一点儿，跳得慢一点儿，不就可以一直有事可做？如果等他 10 岁了还在写 123456789，如果他觉得自己每天好忙又好棒，那我觉得也还蛮好的……孩子没压力，我也没压力。

比如，想到孩子很快就会长大，没有一个能长久支持他的环境也不对，不能老跟着我到处混日子。那我就想办法把民宿和康复社区做起来吧。这样，很多大人和孩子都可以一起生活、工作，最起码他还可以在厨房帮工剥豆子赚点生活费。

只要我不死，不管给我什么生活，我应该都是这个样子了。就算我死了，还有他爸，还有我妹，我们都死了的话还有比现在更高级的机构啊——如果等到我们全死光了，这个国家有这么多的家长和有志于此的人们做了这么多年的努力，却还没有建立起对特殊人群应该有的福利制度和基本的信托机制，那我觉得他就一个人过吧，等着和我在另一个时空再次相逢就好了。

一切的一切，只要能跳进去也能跳出来，都没有什么大不了的。我相信，做好了眼下的事情，未来自然会一步一步到来。兵来将挡，水来土掩，或者兵来我跑，水来我逃，都没问题。我们不能跳过度过每一天的过程，从现在直接看到未来。那都是虚幻的想象，用来满足被恐惧控制的心，或者我们需要一个看起来可以达到的目标，来说服自己“眼下的一切都值得”吧。那些小时候的理想是当科学家的人最后都当了科学家吗？我小时候还想过开小卖部呢，结果我现在开了微店……嗯，大卖部。你看，把梦想定得低一点，总是会有更多意外的惊喜的。

如果你们看到现在，还觉得我是一个自信的人，那好吧，我是一个自信的人。那些因为不能接受，而被眼泪浸泡的漫漫长夜，的确都离我很远很远了。

我知道以后会面临比现在更多的困难，比如，火娃再过几年就要到来的青春期，自闭症孩子的青春期问题，实在太多了；比如，他长大了到底要用什么方式生活？这些都是难题。但是，既然现在无解，那我只能相信自己，车到山前必有路。我依旧会努力地活着，但是依然不会“那么”用力地活着。下雨我就打伞，开花我就欣赏。为每一个活泼的细节感动，用一点儿一点儿的成就感去对抗生之虚无，我觉得对年近 40 岁的我来说，这就足够了——也许对很多人来讲不够，但对我来说够了。

争论观点没有意义，安德烈·纪德还在《人间食粮》里说过另一句话："须知对待生活有千姿百态，这只是其中的一种。去寻求你自己独特的生活方式吧。"

心安即是最好。

原生家庭：和解与重建

现在我的微信好友里有超过 1000 个特殊家长，他们都说羡慕，羡慕我的父母能够在大理帮我一起照顾孩子，甚至羡慕我能够选择单身。他们中的很多人告诉我：他们在家庭里是得不到支持的，不管是父母，还是另一半。

生活中总是有那么多的责怪。有人说妈妈责怪她，孩子特殊是因为她非要去干那个工作，没有花时间把孩子教好；有人说爸爸责怪她，如果她当初不是非要跟那个男人在一起，怎么可能生出这样的孩子；有人说丈夫责怪她，孩子特殊是因为她坚持顺产，缺氧造成的；有人说妻子责怪他，他只要说我们要不要把孩子送去特殊学校，妻子就会说“你这么嫌弃孩子，那就离婚吧”……还有许多因为教育方式无法达成统一而造成的无数矛盾，都在蚕食许多家庭的快乐。

在做情感主编的那些年里，我会不定期组织读者举办下午茶活动。我会定一个主题，去招募感兴趣的读者，约在一个咖啡厅或者茶室，去共同探讨这个主题。印象很深的一次下午茶的主题是：和我们的母亲和解。大概有各行各业、各年龄段的 20 多个女性读者参加，那是一个时而大笑，时而未语泪千行的下午。

有人一直生活在妈妈对自己的控制之中：20 多岁了，参加工作都几年了，哪怕从区县逃到主城，妈妈还是会每天电话轰炸，问她今天做了什么、吃了什么，还要时不时上门，从早上穿衣服和吃早饭开始管，事无巨细。她甚至都不敢谈恋爱，因为总觉得："我这么软弱，无力挣脱，又能给谁带来幸福呢？"

有人因为妈妈对兄弟姐妹的偏爱，活在怨恨里。这种怨恨时而变成讨好，时而变成疏离，时而变成"无所谓"，时而又变成下午茶上的一抔眼泪。

有人的数次恋爱都被妈妈一手戳散。她觉得其实妈妈只是想要更多的钱。"可是我只想找个我爱的人，没钱大家一起赚就好了"，而且，"我知道我很普通，哪个有钱人会想要我"。

有人说妈妈一直对自己很好，太好了，好到自己觉得做什么都无法回报。从小不敢有任何不同意见，不敢选择，也不敢拒绝，头顶最利的那柄剑，是"妈妈会伤心"。无数次想着：你去谈恋爱吧，我长大了，你不要陪着我了。可是妈妈就这样从年轻陪到年老了，妈妈的世界里一直只有她一个人。她也不敢恋爱，怕妈妈会觉得孤单。

后来还有人对我说："在我妈妈的眼中，我是世界上最没有用的女儿。自从爸爸出轨他们离婚，妈妈就再也没有恋爱结婚。一方面，她在亲友眼中是最伟大、牺牲最多的母亲；另一方面，她从我才七八岁开始，就指挥着我，这个她唯一的女儿，不断上门去找爸爸要钱，可是爸爸的钱在新太太手里，我总是要不到的，最多能在爸爸的单位混一顿食堂。""你怎么这么没用？”这句话她从妈妈那里听了 20 多年。

原生家庭带来的痛，我有没有呢？当然有啊。从小，因为觉得父母更偏爱妹妹，我与他们的关系都很疏远。大学的时候，时常好几个月都不会和他们联系。

我和参加下午茶的那些女读者一样怀有怨恨，有时候是对自己说“无所谓”，有时候是眼泪，有时候又会变成讨好。所以，进入报社实习的第一个月，800 元的工资，我分出了 500 元寄回家。我还借钱给父母装修房子，自己则过得紧巴巴的，还主动承担妹妹的学费。其实，这就是讨好。那些年，我认定我是不被爱的，做这些的目的，只是希望他们能够因为我“特别厉害”而变得爱我。

记忆中我没有被好好拥抱过、安慰过，而且父母总是在吵架，饭桌上他们的脸总是遍布乌云。我已经做了我力所能及的所有事，8 岁就开始搭着小板凳做饭、洗碗，但是稍有不慎还是会招来责骂。所以，我很难和父母亲近，我没有和父母撒过娇。也不是没有尝试过撒娇。有一次我的手背被同学弄伤，我回家给我妈看。她很不耐烦地大声说：“你自己去抹药啊！给我看有什么用？”然后就走了。还有一次，放学途中遇到家乡有史以来最大的一次冰雹，我和表姐差点死在路上，经常是跑了几步回头一看，身后的大树已经倒了。可是回家后，我扁起嘴还没来得及哭，我妈却开始骂我为什么要在路上玩。

其实那时也是因为太担心了吧，后来我这样安慰自己。但还是想要我妈摸摸头，想要我妈一个拥抱。成年以后我发现，一方面，我很拒绝和父母的皮肤接触，偶然碰到，半身都会起鸡皮疙瘩；而另一方面，又很需要触觉，所以谈恋爱就变得很黏人，生了孩子以后也会不断去抱孩子、亲孩子。火娃都 9 岁了，还是要每天被我抱抱亲亲很多次，有时候太热情还会被他嫌弃。

有一次，我和我妹说，我要如何做母亲呢？大概就是，父母对我怎么样，我反着来肯定就对了。如果他们太严厉，那我就要温柔一些；如果他们老是垮着脸，那我就要有意识地让自己不要把情绪带到孩子身上；如果他们过早让我独立，那我就要知道，在孩子小的时候，孩子需要的是被照顾；如果他们看不到我的孤独，那我就要让自己变得更敏锐，能看到孩子的孤独；如果他们有时候跟我计较付出与回报，那我就要坚信父母为子女付出是天底下最理所应当的事，我会一直支持孩子，此生不求回报。

但也正是因为火娃的出生，我们的整个家庭模式，发生了巨大的反转。刚开始我爸妈来帮我带孩子的时候，我们是客气的、谨小慎微的，因为我们已经有超过 10 年没有真正在一起生活过了。我们不吵架。如果有不满，我们都会选择放在心里。这样想来，能吵架，可能代表彼此间的关系更加健康。后来火娃被诊断出自闭症，我处在痛苦又逃避的状态，很多时候，我是以工作为名，把孩子丢给我爸妈照管的。

他们非常喜欢火娃，他是从出生第一天开始，就被他们抱在怀里的外孙。现在想来，身为母亲的我，曾一度不能接纳火娃，而我爸妈从来没有不接纳他。我知道，那时他们对我是有怨言的，觉得我陪伴孩子太少。只是那时孩子的爸爸陪得更少，于是更多的不满集中在了他的身上。

火娃 5 岁时，我离婚了。于是，非常迅速地，家里的成员结构就变成了原生家庭的样子：我爸妈、我、我妹妹，还有火娃。事实证明，原生家庭的很多问题，其实是要重新回到家庭里去面对才能解决的。不然永远在逃避，问题永远在那里，等着哪一天你一靠近，就给你迎头痛击。因为没有“外人”了，很多矛盾得以摆上了台面。

最激烈的一次，我和我爸爸差点断绝关系，因为他一直不肯接受这个世界上有“自闭症”这回事。他说，火娃说不清楚话，是因为我带他去剪了绊舌；还说，火娃智商不高，是因为我太聪明了，老一辈说了，爹妈太聪明就会生出笨孩子。那一次我真的被气得发疯，什么情面都不顾了。生下特殊孩子，最痛苦的人是谁？是妈妈。怎么能对一个妈妈说这是她的“错”？这是妈妈的“痛”，这是妈妈的“劫”，但唯独，这不是妈妈的“错”。那时候，我还觉得“世上千千万万个别人都可以这样说，可以说我错，可以嘲讽我，但是你不行，因为你是我的至亲”。

感谢我妹妹，在我与爸妈关系时常胶着的那两年，她在中间做了很多的调和工作。不是那种和事佬的调和，而是告诉我，我什么时候说话不经大脑，我错在哪里，爸妈内心到底怎么想，我们应该怎样去理解他们。在爸妈面前，她会耐心地告诉他们：姐姐那些你们看不到的压力在哪里；你们的有些言行，她气的点在哪里；作为家人，在姐姐一个人奋斗的时候，是不是应该给她更多的支持。我记得她最让我感动的一段话：“你们真的很辛苦，姐姐嘴上不说，心里都懂。她跟我说过，你们付出了很多。不过，一家人不要谈什么我付出多少你付出多少，姐姐这么辛苦，也是为了火娃。她为火娃付出从来不求回报。”

火娃 7 岁多时，我和我爸妈一起，带着火娃来了大理。现在回过头来看，很奇妙的是：仿佛那两年的矛盾频发，其实是在为来大理生活做准备。我们也许还会因为很多小事发生不快，但是我们之间的根本矛盾已经解决了：我们设身处地站在对方的角度去考虑问题；我们学会了付出，但又不沉溺于自己的付出。付出，变成一件愉悦的事。他们真的特别心疼我要做那么多的事，又要教孩子，又要做微店，又要写稿子，还要筹备康复村和民宿。我成了我妈妈的偶像，她逢人就说我特别能干、特别勇敢，弄得我挺不好意思的。当然，除了很担心我嫁不出去，哈哈哈。她还成了很多自闭症公众号的忠实阅读者，我们可以随时交流应该怎样去带领孩子。因为看到了火娃一直以来细微的进步，教育方法在我们的家庭里面不再有任何分歧了。而我变得更有觉知，更能很好地去思考每一个让我有些不快的小事的本质到底是什么。

比如，之前我挺不喜欢听到我爸妈说，要把好的东西让给火娃吃，“这个最好的鸡腿，我们谁都不吃，只给你吃”。我下意识地觉得这是一种道德绑架，似乎随时在强调，“你看，我付出了多少”。可是，当我好好地去审视这背后的原因时，我知道，那其实是因为我代入了太多属于我的恐惧，因为我实在太害怕他们有付出感了。然而，火娃只是傻傻地、开心地吃掉而已呀，他根本感受不到付出感。因为根本就没有什么我以为的付出，那只是外公外婆在对他表示自己的爱，而他也就好好地接纳了这一份爱，仅此而已。爱在他们那里是很自然的、流动的。这恰恰是我需要更多地去学习的领域。

今年，我已经 37 岁，很庆幸我依然拥有反思和学习的能力。我已经能够和我的原生家庭好好相处，而我也正在建立火娃的原生家庭。虽然我和他爸爸早已分开，但我们依然是友好的朋友。我希望他此生能在感知到成长必然的阵痛的同时，还能够感知到，他的原生家庭，一直在给他源源不绝的真善美的能量。

成长是很痛的，成长是一辈子的事，让我们一起好好长大吧。

第二章

我和孩子：我做特殊妈妈的这些年

带一个自闭症的孩子是一种什么体验

有点遗憾的是：拥有超高智商的自闭症患者毕竟只是一小部分，更多的自闭症患者，兴趣狭窄，有学习障碍。所以，其实这个问题对我来说变成了：带一个智商不够的孩子是一种什么体验？

实话说，他都 9 岁了，可很多时候我还是没办法完全理解他。我看着他那张脸，怎么想也想不透：你这孩子看起来机灵极了，长得又帅。双得恰到好处的双眼皮儿；大大的黑眼睛滴溜溜的，看见喜欢的人眼睛就发光，一笑就是两个月牙；加上不薄不厚的嘴唇配着性感的唇线……简直就是我们村的小明星啊，为啥这么简单的东西要教那么久呢？

这就是一个学霸的悲哀，我们真的理解不了太渣的学渣——虽然他妈妈我只是个小本科，然而，这并不妨碍我曾经是个学霸的事实。有人可能会说："你是学霸，你肯定有很多学习方法啊，变着法儿地教啊！"

然而，学霸是不需要学习方法的。

如果你去问一个学霸为什么学习那么好，他们也许会给你说一通这样那样的方法。但是，相信我，那些都是假的，学习好的原因只有一个：没办法，智商高——稍微懂点礼貌的学霸都没法儿跟你明说这句话，所以他们也许会冷笑着给你整理出一套看起来说得过去的学习方法，然后你认真地研习，继续做一个学渣。

来看看我们家那个学渣，在我这个学霸还没总结出一套适合他的学习方法、教会他迈出第一步之前，傻到什么地步。比如，我教他认钱，认一元钱。为了让他认识钱，我把自己变成了一个穷凶极恶的、啥零食都拿来卖一元钱的人。一开始，我卖的是一种短小的烤肠——比较小，两口就搞定了，如果拿太大的火腿肠那就没办法持续了，因为人家两根就饱了。

我拿了一张纸，上面写上“1 元”，教他念：“1 元！”

他乖乖跟着念：“1 元！”

“你想吃啥？”

“妈妈，我想吃烤肠！”

“现在我扮演的是老板！重新叫！”

他又乖乖地、脆生生地叫：“老板！我想吃烤肠！”

“我的烤肠卖 1 元 1 根。”

这个屁娃娃给我拿了 5 元钱。

我耐着性子问：“这个‘5’像什么？”

他很认真地看了看：“像一个钩子。”

接着我把那个写着“1 元”的纸拿给他：“那你看这个‘1’像什么？”

他又很认真地看了看：“像根筷子。”

“这个像筷子的是‘1’，那个像钩子的是‘5’，知道了吗？”

“知道啦！”

然后，我让他重新认了一遍，认得妥妥的，一点儿问题都没有了。

“那我们现在卖烤肠了啊。小朋友，你想吃烤肠吗？我的烤肠卖 1 元 1 根。”我的黑手伸到了他的面前。

这个屁娃娃又给我拿了张 5 元的！我……真是想撞墙！

“你是在逗我玩儿吗？”

他直勾勾地看着我：“不是。”

啊，不行，这眼神太勾人，我情不自禁地再次慈母上身。“咱们再来认真看一下啊，像筷子的是‘1’。来，重新给我指一下……”

好了，这下妥妥的了！

“来，宝宝，给我拿 1 元的。”我连老板也不想做了。

而他，居然给我翻了一张 10 元的！！！还大言不惭地说：“老板！我要吃烤肠！”

“你走吧！老板一身正气，完全不想卖给你烤肠！！！”

这个拉锯战进行到最后，当然是我妥协了，我可不嫌命长，于是我只给他 1 元，他开开心心地用那些 1 元从我这儿买了好多烤肠。

这件事的副作用呢，是他对我的身份变得有些迷惑了。他知道我以前是写稿子的“大主编”，也知道我是卖茶叶的店主，然而有一天我妈没事问他：“你知道你妈妈是做什么的吗？”

他想了想，然后很天真地回答：“是卖烤肠的老板。”

哈哈哈哈哈哈……

再说一个，教他写字。“1”简单吧？写这个数那可真是要了命了。自闭症孩子的一个共性是：没有界限。所以写字呢，火娃是没有边界感的。我告诉他得写在这个大框框里：“看见这个框框的边缘了吗？”

“看见了。”答得好好的。

“写在框框里面，不能写到框框外面，听到了吗？”

“听到了。”好乖啊，我的宝宝。

我想确认一下他是不是敷衍我：“听到什么啦？”

“要写在框框里面。”“对，来，妈妈亲一个。”

于是他拿笔直接在纸上从头到脚画了一个“1”！那是“1”吗？那是“1”的祖母啊，我的儿！

“妈妈刚才告诉你不要怎样？”

他笑嘻嘻地答：“不要画到框框外面。”

我竖起我的一阳指，力透纸背：“你给我看看，这个‘1’在不在框框里面？”

他看啊看，瞪大了他的大眼睛看，直接趴到纸上看，然后下巴搁在纸上，抬起眼睛，扇动着长长的睫毛无辜地看着我……你能把他怎么办呢？这个屁娃娃根本搞不明白，为什么“1”要写在框框里！框又在哪里！

“你杀了我吧……”

他很紧张地扑过来抱住我：“不杀妈妈。”

我无言以对。

这件事情告诉我们：跟自闭症孩子开玩笑只能让自己郁闷。他们听不懂玩笑话。

那我有没有感谢他智商不够的时候呢？当然也是有的。比如，那些笑到炸裂的时候，养普通孩子的人真的会少很多乐趣，因为他们的孩子到了一定的年纪之后就再也不会这么傻了。

我教他基本的“关系”的时候——很多自闭症的孩子搞不清楚人与人的“关系”——他正迷恋家禽和水生动物，于是我们就围绕这个来进行“某某妈妈的孩子是某某”的教育。

“鸭妈妈的孩子是小鸭，鸡妈妈的孩子是小鸡。”我拿起母子鸭和母子鸡。他拧成一字眉，很认真地看着，复述一遍也没问题。

“那狗妈妈的孩子是谁？”

“是小兔儿（子）。”

小兔儿（子）？你是在逗我吗？

“那兔妈妈的孩子是谁呢？”

他沉思了一下：“是小鸭儿（子）。”

“刚才妈妈说过哪个妈妈的孩子才是小鸭子啊？”

他眨巴了一下眼睛，努力回忆：“鸭妈妈。”

“对了！真棒！那兔妈妈的孩子到底是谁？”

他摆出《乡村爱情故事》里谢飞机一样的表情，很笃定地回答：“是火娃宝宝。”

然后还给自己鼓起掌来：“真棒！”

…………

好吧，他都长这么大了，我才知道他是兔儿（子）的孩子而不是我亲生的啊。

所以在他心里，这是一个天下大同的收养型社会。所有的动物都沉醉于给别的动物养孩子，真棒。

我不死心地继续追问了一句：“那你的妈妈是谁？”

结果他伸出肉乎乎的小指头，指向我的额头："是戈娅。"

啊……我的一颗心……

接着，他又补了一把温柔刀："妈妈，你好美啊。"

这就是最重要的，是吧？因为他傻乎乎的啊，所以他不知道他的妈妈其实也只是一个软弱又懒惰、脾气暴躁还并没有什么爱心的人。他看不到我的很多缺点，他只是毫无保留地爱我，爱我，爱我。

哦，不是这样的，他并非没有看到。事实上，他这些年一直看到并承受着我的很多缺点。我对他发脾气，甚至在气头上还会动手打他。他会哭，会伤心，可是他还是毫无保留地爱我，爱我，爱我。

我也爱他。

教育只能顺势而为，最终是孩子成全了大人

2016 年的国庆假期，我在大理的家里来了两个特殊的家庭，一个是爸爸妈妈带着 15 岁的星儿，一个是爸爸和奶奶带着 6 岁的小家伙。其中一个爸爸回到南方之后问我：“你会把我们的这次聚会写下来吧？”于是我就写了下来。要问我在这个假期的朝夕相处中最大的感受是什么，我会说：“教育只能是一件顺势而为的事。”

6 岁的小家伙想和火娃玩，但是他不懂得如何向他人表示好感，他只会推和拍打。火娃选择了躲，“你打一枪我就换一个地方”，最后被小家伙从沙发上推下去时，他气愤地在桌子上倒了一杯水表示抗议。小家伙的爸爸说：“快去打弟弟！”

火娃生着闷气，说：“不打。”问了好几次，他还是坚持不打。

后来，他去我的房间里玩，垮着一张小脸对我说：“不开心。”

我问：“是弟弟打你，所以你不开心吗？”

他说：“是。伤心。”

我说：“你也可以去打他一下啊。”

他又坚持说：“不打。”于是我抱了抱他，和他分吃了一个石榴。他又

迅速忘记了这件事，开心地笑了起来，说：“妈妈像个姐姐。”

从小到大，我从来没有教他不能反击，因为我就是一个睚眦必报的人。可是他就是做不到去回打别人。我曾经问过他的老师这个问题，老师说，他在学校里，会温柔地注视着那些安静的、可爱的孩子，有时候会笑着去轻轻抚摸他们的脸，在他的天性中，是有很大的慈悲心在的。

当然，也要看对方有没有触及他的底线。在我还没有进入学校自己带他上课之前，老师们在吃饭和茶点时间，是安排火娃和一个特别有挑战性的孩子坐在一起的——他不是特殊孩子，他只是一个很有挑战性的普通孩子。老师们觉得，他和火娃，有能互相影响的品质。

那个孩子对人表示好感、想跟人玩、想寻找存在感的时候，都会选择一种接近暴力的方式。他会很用力地去抱别的孩子以至于弄得别人喘不过气来，用很大的力气撞别人，或者死死捏住对方，甚至直接掐对方。火娃在那个孩子心情特别好的时候，得到了他的很多照顾，但也被他整得很惨。火娃对此的反应一直只是跑开，实在躲不掉就推开。但是，有一天，火娃又被狠狠地掐了，他实在忍无可忍，在全部人坐在餐厅里吃饭的时候，他抬起手来，给了那个孩子一个巨大的巴掌。

整个屋子都安静了下来。那个孩子被直接打蒙了，其他的孩子都呆呆地看着，连老师们一时间都回不过神来。他们第一次看见火娃表现出这一面。然后火娃哭了整整半个小时，是号啕大哭的那种哭法。大家也是第一次看见他这样痛快地哭，似乎积累了一年的委屈，都在那半个小时里发泄出来了。

老师们向我讲述的时候，我在刹那间有一些心疼，但我很清醒地知道：这对火娃来说，是一件好事。他们这样的孩子，向来被保护得太好，被低估得太狠，所以大人往往不知道他们的潜能，他们就这样失去了与这个真实的世界碰撞的机会。当然，这也有个前提：这所学校的老师非常值得信任，她们能够把握那个“度”。

有一些潜能，是必须触及底线的时候才会迸发出来的。就像火娃在老家被5条狗追的时候我才知道他可以跑那么快。在这一巴掌加半个小时的痛哭中，我觉得有一些不可言说的能量在很健康地流动。经此一役，我想他知道了很多事他可以做，也是可以做得到的。但是，在往后的日子里，他依旧选择不到万不得已就不去做，他还是他。

所以你看，教育能做到的事到底有多少呢？它不可能扭转一个人的天性，每个人来到这个世界上，都带着自己的使命，要成为自己想成为的人。教育只能顺势而为。

后来，他和其他孩子有冲突苗头的过程我观察过很多次。我发现，其实他是一个懂得接受也懂得拒绝的人：玩具能被你顺利拿走，是因为我真心觉得你可以玩，并不是因为软弱；如果我觉得不可以，那你就没有那么容易从我手里抢走玩具。看清了这一点，我觉得这样也就够了。虽然显得懦弱一点儿，但他为什么一定要满足大人，成为一个可以殴打别人的人呢？

有时候和他特别喜爱的朋友在一起，他还有一种大哥哥逗你玩儿的意思。有一天，我和朋友带着孩子去泳池，朋友的小孩小S是一个高功能自闭症孩子。小S想要火娃的海豚玩具，一直追着他要。可火娃就是不给：“你抢我不让你抢，你推我我就走远一点，你要打我我就跑快一点让你打不着。”总之他就要看小S气得不得了的样子。但是小S不追了呢，他又会坏笑着等他一会儿，或者把海豚故意拿到小S面前晃一下，接下来又是“你要我就是不给”……循环到最后，当小S把他逼到一个角落时，他很爽快地把海豚给出去了。我正在想，这孩子挺识时务嘛。结果我看他一点儿遗憾都没有，神情近乎宠溺地笑着看了看小S，然后自己开开心心地继续去玩水了。他就是这样一个人。

设想一下，如果我一直没有跳出“你为什么不还手，你去打回来”的惯性，那么我和火娃会变成什么样子？我只能生活在“为什么你不能变成我希望的那样”的焦虑中，而他应该会成为一个对人群更恐惧的人吧，因为他不想成为我希望他成为的人，他会干脆彻底封闭。

当一个孩子对成人无能为力的时候，他们就只能以各种想都想不到的方式来伤害自己，为的只是试图冲破藩篱。他们会从此和大人产生隔阂，不会再施加信任。

这些年做记者，我见过太多被父母逼迫着长大的孩子。你根本想不到至亲之间怎么能有那么多的冷漠和怨恨，有的和父母从不吵架，但会跟我说“我好想他们快点死掉”“我不知道他们什么时候才能死啊”；有的是亲朋好友眼中最能干、最孝顺的孩子，父母都引以为荣，可是抑郁症已经严重到了必须要吃药才能不每天想跳楼的地步。他们的恨埋藏得太深，父母都不知道……那种如身处沼泽的极度失衡，对父母和孩子来说，都是太过悲惨的命运。

既然看到了有可能的结局，修正我自己就是必经之路。所以，面对这样一个孩子，我能做的顺势而为，只是在他遇到攻击又还没有严重到需要反手一巴掌打过去的时候，如果是对方的错，告诉他应该如何用语言去表达，“你这样我很不舒服”“我不喜欢你这样对我”“我希望你不要打人”；如果是他自己的错，告诉他道歉，“是我错了，请你原谅我”。

虽然火娃现在还不怎么能熟练运用，但如果他能变成电视剧里那种迂腐、瘦弱，总是给莽汉讲道理的俊美秀才，其实，我倒觉得也挺萌的呢。

告诉你一个好消息

曾经听过一个小故事，是《爸爸爱喜禾》的作者蔡春猪，讲他有自闭症的儿子第一次说出了“鱼”字时，因为他本人没有亲眼看到，于是兴奋地和孩子的妈妈讨论了好久好久的细节，细到“他是用哪根指头指的呢”。

可能只有特殊的家长们才能懂，这种听见一个对他人来说小到几乎不存在的好消息时，喜悦到底能够有多大。现实让我们就这样一天一天变成了非常享受“小确幸”的人。因为我们太懂，每个“小确幸”背后，到底意味着孩子取得了什么样的进步，而这个进步，是我们付出了多少努力和等待，才最终达到的。

有一天，我无意中在网上看到一种传说生长在非洲荒漠的“依米花”。在荒漠中，只有根系庞大的植物才能活下去，而依米花的根却只有一条。所以，它需要花费大概 5 年的时间来完成根茎插入泥土的工作，然后，一点一滴地积累养分，在第 6 年的春天，才会开出一朵小小的花。

这个故事不知真假。我只是觉得，这株“一根茎”的植物，那么顽强地去努力活着、静待花开，太像特殊的小孩了。所以，如果用摄像机把特殊家长们的聊天过程拍下来，普通的人可能会有点搞不懂那个兴奋点到底在哪里：

“你知道我家那个五斗柜吧？他今天从里面拿了我的毛衣链丢在地上，我随口说‘这是我的’，结果他就给我放回去了，而且放回了原位！”

“哇！”

“很棒啊！”

搞不懂吧？普通孩子的家长可能会觉得：“这难道不是应该的吗？”但是我们懂。

首先，这代表这个孩子在拿毛衣链的那一刻，有清醒的意识了。他不再是懵懵懂懂地随便拿一个东西，随手扔一个东西，他知道他是在哪里拿到的，也知道要送回哪里。他拿的时候，活在当下，他漂浮的“自我”，在渐渐入住。

然后，他的语言理解能力有了很大的进步！妈妈并没有发出清晰的指令，而说的是“这是我的”，可是他的大脑把它正确处理成“这不是我的，我要把你的东西还给你”。

生了一个特殊孩子，让我们变得比之前任何时候，都更懂得“小确幸”是什么意思。有时候觉得，这未尝不是命运送给我们的宝贵礼物之一。我们家有一个叫 family 的微信群，里面有 4 个人：我、我爸、我妈、我妹妹。“告诉你一个好消息”，是这个群里经常会出现的话。

比如：“告诉你一个好消息，火娃刚刚居然对我说：‘妈妈，我可以吃杧果吗？’”就会迎来一片山呼海啸的“好赞！”。激动的我妹、他小姨，还专门从上海用语音发来贺电：“火娃火娃，你怎么这么厉害？！脸蛋凑过来让我亲亲你。”

好消息在哪里？对比一下就知道了。以前他要吃杧果的时候，就是对着一个大杧果不断地说“要吃杧果，要吃杧果，要吃杧果”。周围没人怎么办？说不定他就干脆拿把刀自己把杧果切得乱七八糟了。可怜的杧果啊，应该会觉得很委屈吧。

而这句话代表：第一，他懂得了向一个确定的“人”求救——“妈妈”，而不是去纠缠一个无辜的杧果；第二，他终于学会了问问题，这个句式一度非常难；第三，他正确地使用了“我”字——“你”“我”的使用对很多孩子来讲都很困难；第四，他在渐渐建立规则，知道在哪些方面，要奉行询问和等待的礼仪。

我白天会带着火娃去学校上课，他说过的很有趣的话、今天有了哪些很棒的进步，我也都会分享在这个群里。比如，在火娃突然水到渠成地开始使用笔的时候，我拍了几个小视频发进群里，视频里是火娃特别开心地拿着笔在描红本上认真描数字。一分钟之内，我爸妈和我妹就开始排队点赞。为了让火娃也感受到欣喜，我妈还经常使用语音：“哇，火娃，你的字写得非常好，而且拿笔的姿势很标准哦！”

放给火娃听，火娃笑得眼睛都弯掉了，一边继续卖力地写，一边摇头晃脑，嘴里还哼起了歌儿。

家里的饭桌上，也是“告诉你一个好消息”的场合。比如，我妈会眉飞色舞地告诉大家：“昨晚火娃睡觉前对我说：‘外婆，你可以睡在你的屁股上吗？’我说：‘不行啊，这个我做不到。’他想了一会儿又说：‘外婆，你可以睡在我的屁股上吗？’”全家哈哈大笑，火娃自己更是笑得饭都要喷出来了。

对一个还在努力地自我练习“你”“我”的正确使用方法的孩子来说，这样的笑料实在太多太多了。

火娃是一个对触觉需求特别多的孩子，自己会发明很多触感游戏，“睡在屁股上”就是那段时间最常玩的游戏。于是我也分享了一个。中午在学校午睡的时候，他问我：“妈妈，我可以睡在你的屁股上吗？”

我知道他指的是什么，但是我故意很开心地翻过身去说：“好呀，来吧！”

他呆了一会儿，小脑袋里想的大概是：“咦？好像哪里不太对啊。”

但是说出去的话泼出去的水，君子一言快马一鞭……他也只能老老实实地把后脑勺放在了我的屁股上。也不怪他喜欢这样玩，睡在屁股上的感觉还真是蛮舒爽的呢！

躺了一下，他又不甘心地爬起来，看起来是思虑良久，组织了很久的语言，结果一开口，又问错了：“妈妈，我可以睡在你的屁股上吗？”

我憋住笑，一个翻身趴下，说：“当然可以！来来来，赶紧的！”

这次他不来了，他一脸迷茫地看着我的屁股，小声地自言自语：“没有说对……”然后又看着我的眼睛，很确定地告诉我：“说错了！”

那个样子太呆萌了，我很不厚道地大笑。我说：“那你就好好想想，到底怎么说才对。我等你哦。”

他舔了舔嘴唇，认真地想了一下，开始了：“妈妈，我可以……妈妈，你可以睡在你的屁股……不对……妈妈，你可以睡在我的屁股上吗？”

“我的”两个字吐音好重啊，哈哈哈！我起身一把把他扑倒在垫子上，大声说：“可以！我来了！”

那天他乐坏了，我也要笑死了。这个傻孩子，能把他的小舌头捋直可真是不容易啊！这个事在饭桌上分享了，又通过 family 群分享给了我妹，饭桌和群里充满了“哈哈哈”。

人生总是充满了好消息和坏消息。坏消息是我们家有一个不一样的小男生，好消息是我们有了很多可以庆祝的小理由。这取决于成人把着眼点放在哪里。就像打翻了一杯水，你是感到“好可惜，没了半杯”，还是感到“好幸运，还有半杯”。

如果现在要我反思曾经特别特别焦虑的自己，要横向对比觉得生活里没有好消息的那几年，我的反省是：那时的我不够谦逊。

一个不够谦逊的我，会否定不同的存在都有不同的光彩，会觉得自己的成长轨迹才是唯一好的标准：从小成绩优秀，念好的大学，有好的工作，在工作中得到极强的荣誉感，并且，在该结婚的时候结婚，该生孩子的时候生孩子。即便离婚一事脱离了世俗标准，也会有这样的自豪：那也是因为我厉害啊，我对我的人生有完全自主的选择权。

我曾经就是那样一个成功至上、特别傲慢的人，一个没有什么慈悲心的人。慈悲心不是同情，因为同情是高高在上的，是一种二元论：我行，你不行；我好，你不好；我厉害，你不厉害。所以，我可以俯视你。而慈悲心大概就是一种包容、一种欣赏，是认同万事万物的存在皆有因果、皆有流转，皆有苦楚、皆有喜乐，皆有裂缝、皆有荣光。

是火娃一点儿一点儿教给我这样的慈悲心。我曾经默认他做什么都不行——因为他智商低嘛，任何事情，教他他都不可能会；如果不教他，他就更不可能会了。所以他两岁多时买奶粉送的那双溜冰鞋，一直都放在家里没有动过。我曾经想过去给他报个轮滑班，但是过去一看，别的小孩子都练得那么好了，那么听话，而他连指令都不大会听，怎么可能会有老师愿意教他？果真也是，有老师一听就说："啊，自闭症啊，我可能不知道怎么教他。"正好，我又省麻烦又省钱了。

搬家来大理时，那双溜冰鞋本来准备不带了，但是实在太新了，扔掉太有罪恶感，就一起托运来了大理。结果有一天你猜怎么着？当屋子里一堆包裹都才开封正找地儿放的时候，他看到了那双溜冰鞋，带着它们去了天台。等我想起来去天台上找他的时候，他已经自己穿上了，扶着天台的栏杆，在一点儿一点儿地试验，如何把握平衡。

我不知道该用什么样的语言来形容我当时内心的震动。我在大理明晃晃的阳光下看着他一点儿一点儿往前挪，时不时松一下手，看看自己行不行，摔倒了，就默默地揉一揉自己的膝盖，爬到边沿，拉住栏杆让自己努力站起来，再一点儿一点儿放手，一点儿一点儿往前滑……

他是如此认真，他的整颗心都在练习滑冰这件事上，他整张脸都是带着光的。我突然觉得，一贯看轻他的那个我，如此渺小，如此不堪，我带着如此多的标准和评判，我对他期待太多，以至于没有了期待。我把这个好消息告诉了我妹，她兴奋地看了好多遍视频，说："他真的好棒，而且，他认真的样子好萌！"

而之后，他又慢慢地摸索出了如何转弯、如何避障、如何跨越、如何滑"8"字……天台纯野生轮滑，现在他已经可以滑得飞起来了。

除了轮滑，火娃接着又引领我发现了更多。在朋友家玩，他看见了地上的滑板，居然直接踩上去就滑走了。我当即给他在淘宝上买了一个滑板。那时是 2 月底，正是大理的风季，天台上的风呼啦呼啦地吹，火娃那真是拼命地练习啊！

有一天，他正在练习的时候下雨了，那叫一个风雨交加。屃如我，马上躲到屋檐下，对他说："好冷啊，我们下去吧。"他不。我只能给他戴上一顶帽子。可是帽子只能管头顶啊。我坐在屋檐下，就那样看着，他滑了一会儿就停下，抬起手臂用袖子把脸上的雨水擦干，然后又接着滑，一边滑一边整张脸都笑开了花。说没有感动是假的，说没有羞愧也是假的。我把这个好消息发上了朋友圈，有一个治疗教育的同学这样回复："有时候真的觉得，他们身上有很多品质，让我们自愧不如。"是啊，与他相比，我是一个多庸俗的妈妈，我活在焦虑的过去，活在迷茫的未来，我没有像他一样，努力地活在当下。

亲爱的火娃，我会继续带领他，也谢谢他带领我。相信我，妈妈们也会长大。这是在孩子们告诉了我们那么多好消息之后，我们回报给他们的一个好消息。

没有小孩真的喜欢一个人待着吧

这些年来我听到过很多对自闭孩子的人际交往状态的判断，这些判断往往是两极的。

有的人说："他们沉浸在自己的世界里是很开心的，只是外人不懂罢了。"有的人说："绝对不能让他们一个人待着，要尽最大努力把他们从自己的世界里拉出来。"有的人说："他们拥有了和自己相处的能力，长大了说不定会更独立。"……

都是有那么一点儿道理的吧，但是应该都只是说对了一小部分。

这些年我陪着火娃长大，并且看到很多很多特殊的孩子，从我目前的经验来看，我觉得：对于人际交往，尽管他们的能力会低一些，但他们和普通人的需求是一样的。

成人人际交往最理想的状态就是：和人待着的时候，我很放松，很愉悦；想一个人待着的时候，不被打扰，我也很愉悦。两者是要互相搭配的，而且要在适当的时候出现适当的环境，不然就会变成"一个人时很寂寞，一群人时很孤单"。

他们也喜欢适度的、让人愉悦的人际交往。至少火娃是这样的。说来说去，把他们当作一个“人”，而不是一个“怪胎”，可能很多事理解起来就没那么难了。

在火娃很小的时候，我是无头苍蝇一样的——不知道该怎么去引导他，只是一门心思地想着“要把他从自己的世界里拉出来”，所以现在想来，我的陪伴变成了一种极其可怕的打扰。

比如，他一个人拿彩泥捏东西捏得很欢快，我非要跑过去问他：“哎呀，你做了这么好看的东西呀？这是什么呀？快点回答！”

他很无奈地说：“螃蟹……”

我把螃蟹拿起来：“哇！真的好像呢！我们来数一数它有几条腿，1,2,3,4,5……”

然后火娃就很烦躁地把螃蟹夺过去一把揉掉，或者直接跑开了。

我是不是一个既无知又无聊的妈？

那时，我还因此草率地对火娃下了一个判断：这个孩子厌学，而且喜欢一个人待着，他不喜欢别人教他，一教他他就不学了。我真是个好可怕的妈，是不是？自己蠢得要死还要怪孩子厌学！自己像个苍蝇一样碎碎念，还要说孩子喜欢一个人待着。我真是自以为是。

如果火娃会发朋友圈，他应该会写：“我忍我妈很久了。法海你怎么还不来收了这个苍蝇精？”

此后，我开始学习治疗教育，开始真正用心去理解他是一个什么样的“人”。我知道了他和我是一样的：他并非一直都想一个人待着，他只是在认真做一件事情的时候不希望被人粗暴地打扰。他也并非不喜欢别人教，只是我带领他和扩展他的方式不对。

换句话说，如果他表现出来特别不想和人待在一起，而又明显并没有那么开心，只能说明，和在场的人在一起让他太辛苦了。辛苦的来源，在火娃这里来自以下几个方面：

第一，觉得自己永远在社交中处于弱势，占不了主动权。

所以我自己带他上学时，都会让他带上他喜欢的一两个玩具。在课间休息的时候，小朋友想来玩这些玩具，我会让小朋友自己去问火娃："火娃，我能玩你的小车吗？"

火娃在我刚开始实施这个"策略"的时候，会直接拒绝："不可以。"我想，那是他为自己终于能在某方面拥有主动选择权的一种宣告吧，我理解并尊重他。很棒的一点是，我们那时所在的华德福学校，所有的小孩都被教得很有礼貌，很多事情尽管他们表示遗憾，但也都会尊重火娃。

过了那段时间，他会很乐意地说："可以。"来问的人越多他就越开心，不断地回答"可以"这件事，让他特别有自信。

第二，不知道怎么解决冲突。

他们总是会面对其他小朋友的指责的，当他们的语言没有办法处理那些冲突时，他们会更退缩。而如果那些冲突你能教他如何应对呢？事情就不一样了。

当小朋友对我抱怨："火娃刚刚把汤洒在我的胳膊上了！"我会跟小朋友说："你自己去跟火娃说一下这件事，好不好？"

小朋友很生气地对火娃说："火娃，你刚刚把汤洒在我的胳膊上了！"我会告诉火娃："你可以跟小朋友道歉的：对不起，我不是故意的。"火娃就会很乖地说："对不起，我不是故意的。"有时候还会加上一句"请你原谅我”。

小朋友的世界其实很单纯，至少我身边的小朋友都这样。他们都会说：“好吧，我原谅你，下次你要小心一点儿哦。”这时我会教火娃说：“好的，我会的。”

有一次下雨，火娃跑过一个孩子身边时，把泥水溅到了他的脸上，他一下子就哭了。我一边教火娃道歉，一边教他说：“我给你拿一张纸来擦。”当火娃笨拙地拿着那张纸，一点儿一点儿给那个孩子擦去泥水的时候，那个孩子反而不好意思了。他很大度地说：“哎呀，不用了，我自己来。没关系啦！”火娃脸上那个放松而愉悦的表情，我记得好清楚，那是一种“原来我也可以这样”的表情。

我相信久而久之，火娃至少会知道：做错了事、被人指责，这首先是需要自己去面对和承担的责任，不能指望所有人都来迁就自己，但是，只要知道如何真诚地道歉，就会被原谅，一切都没有那么难；不需要逃避人群来惩罚自己，也不用自惭形秽地觉得“我只会给别人添麻烦”“所有人都不喜欢我”。即便跟别人不一样，也要相信自己是可以做一个被人喜爱的小孩的。

有的时候我们会遇到相反的情况，有的小孩会来惹恼火娃，因为冲突都是双向的。

比如，从火娃的手中抢走玩具。如果这个时候没办法教他如何面对，他也会变得自卑、逃避人群，毕竟，一个很可悲的现实是，他们从小就习惯了被欺负。

这时，我会教火娃：“你可以告诉他：这是我的玩具，请你还给我。”

一般都是可以说通的，可能是他们觉得这个家伙有个妈在旁边撑腰不敢不还，也可能是因为我每次都会对别的小孩说："你可以等会儿再问火娃，可不可以借来玩。"

我想，肯定以后也会遇见不太讲理的孩子，不是每次都可以顺利要回的，但至少我要坚定地告诉火娃：你可以宣告你的物权，我不会因为你是特殊孩子，便觉得你给所有人添了麻烦，于是对你正当的需求和权利不管不顾。

而且我要让他知道：不管发生任何冲突，你是可以用你的语言去解决冲突的。你要相信自己有这个能力。相信自己，就是从一次又一次的努力尝试中成长起来的。

第三，感受到来自成人——老师或者家人的忽略。

在小朋友的心目中，老师是比天大的人物，当他们敏锐地感觉到老师喜欢、看重别的孩子时，他们就会故意躲得远远的，并在老师终于想起他的时候，故意惹是生非，意思就是："你不是喜欢别人吗？如你所愿！"这大概可以在某种程度上解释"为什么小孩在家里表现得很好，在学校里就各种捣乱"。

来自家人的忽略就更让他们觉得"活着真的很辛苦"了。在我大理的家里，时常会有很多朋友过来吃饭喝茶，熟悉的朋友倒还好，火娃喜欢他们，时不时要来凑个热闹，他们也会很热情地跟火娃一起玩。

但如果是接待陌生的客人，我可能需要把更多的注意力放在客人身上的时候，火娃就会跑得远远的，但时不时就在我目力所及的地方搞点破坏或者故意做坏事，比如在天台撒尿、把杯子里的水倒在我们喝茶的桌子上。我还来不及教训他，他就一溜烟地跑走了……

每当这个时候，我不会让这件事情就这么过去，我会及时地把他“抓获归案”，告诉他如何用语言表达自己的情绪：“妈妈，我不开心，我想让你和我一起玩。”我会表示理解，会告诉他“我知道你不开心”，但是我不会迁就他。我会告诉他为什么不能陪他，那是因为我在陪客人聊天，这是待客的礼貌。不过，我会先帮他找到可以打发时间的方法，比如给他一坨彩泥，告诉他“你可以坐在我旁边自己捏东西”。并且向他保证，我会在我完成自己的事情之后和他一起玩。

不要低估小孩的输入能力，至少他们会明白：我的情绪不是被忽略的，我完全可以表达我的真实想法，而且只要我正确表达，就一定会得到别人的理解和尊重。

第四，成人对他们的管束让他们觉得社交很恐怖。

有一个家长说他的女儿完全不跟别人一起玩，可是自己玩的时候又觉得很无聊。他很想让她有伙伴，但是不知道怎么帮助她。

这个家长到我家里来过，我发现可能有一个他自己没有意识到的问题：他对孩子的管束实在太多了。即便是同为可以很好理解对方的自闭症家庭，他依旧很拘束，生怕孩子搞破坏，这个不能碰，那个要放回去，连吃一粒瓜子都要“先问问阿姨可不可以”。

于是孩子只能百无聊赖地坐在大人的身边，不时地要求回家。

火娃以前也没有社交，因为那时我也和所有的家长一样，生怕他会给人带来麻烦，生怕他表现不好会被别人用异样的眼光看。特别是在城市里，大家的房子都没有那么大，摆放着很多的物件，只能在客厅里玩耍，本身活动空间就已经很小了，还要担心他做出不合时宜的事情，大人很紧张，被大人盯着的孩子就更紧张。所以，我在重庆的时候，极少极少带他去朋友家里玩。

他也乐得自在，谁愿意去一个从头到脚都被约束的场合呢？谁又愿意去进行如此恐怖的社交呢？

来到大理之后，我有了一些新朋友，他们都是非常宽容的人，而且大部分都租住在村里，房子和院子都很大，孩子有非常多的活动空间，还搞不了什么破坏。所以，我时常带着他到处玩，火娃也从一个在别人家里待不住的孩子，变成了一个特别爱串门子的小孩——因为他感受到了社交的愉悦。

一个很大的变化就这样出现了，你会发现，给孩子更多的空间不会让他们更放肆、不懂规则，反而，因为他们心情舒畅，会更好地去理解和遵守规则。

火娃现在不管去什么地方，都不用我提醒，知道别人的卧室是不能随便去的，知道院子里是可以随便玩的，知道玩了玩具走之前一定要收拾好，知道想玩架子上放置的东西需要先征得主人的同意……

第五，他们受到的评判实在太多了。

这是他们感觉人生最辛苦的时刻，也是让他们更"坚定"地缩回自己的壳里的时刻。

当一个普通人听到别人的评判时，还能吵架、能抗争，甚至打一架也是可以的。但是，对于语言能力和自信心本就不够的小孩来说，他们无法对抗成人啊，他们无法对周围的世界、对别人的嘴做出任何干预啊。那种感觉就像一个人孤零零地置身于野外的风暴之中，整个世界一片混沌，不知道哪里有路可走，甚至无法移动，只能任其摧残，连眼泪都流不出来。因为他们下意识地觉得，流泪并不会得到同情，只会带来更多的评判。

所以，很多遭受太多评判的小孩，会把这种可怕的力量发泄到自己的身上，他们会“莫名其妙”地嗷嗷大叫并用力把头磕向地板，他们把自己的脸抓得血肉模糊还在哈哈大笑……他们被人欺负、被人糟践，他们能糟践的也只有自己了。何其艰难的人生，活着真的好苦啊。

更可悲的是他们可能还会被那些评判他们的人，继续评判为“这个孩子好可怜，现在精神都有问题了”。

我真的特别厌恶这些对孩子充满评判的成人，他们一天到晚把眼睛盯在孩子身上，挑三拣四，为什么不回头看看自己，到底怀着多么大的恶意而不自知？他们的人生已经贫乏到这个地步，需要通过去评判一个弱小的孩子来找到自己的存在感吗？！

到底是谁情商低下？是谁没有同理心？是谁没有界限？是谁连基本的人际交往规则都不懂？碰见这样的成人，连我也想一个人待着好吗！

我们对孩子说的“不”太多了

曾经有一对父母带着他们的自闭症儿子来我家住了挺长一段时间。那是一个非常帅气的小胖墩，我们全家人都很喜欢他，包括火娃。在小帅哥很安定的时候，他非常甜蜜又听话。比如，因为他很喜欢吃饭，一旦闻到饭香，就会光速跑下楼去厨房，不断跟正忙着做饭的我妈说：“婆婆，要吃饭饭！”我妈说等一会儿就可以吃啦，他也不闹，也不非要马上吃到，总是乖乖地答应：“好！”过了一会儿按捺不住又跑来重复：“婆婆，要吃饭饭！”我妈说还需要等一会儿，他又乖乖地回答：“好！”然后端一张凳子老老实实地坐在桌子边等着。

但更多时候，他是一个静不下来的孩子。他一直在跑，一直在跳，如果大人不阻止的话，他还可以一直叫，一直笑，一边叫着笑着，一边用手指飞快地缠着他手上拿的餐巾纸——无序地玩餐巾纸是他的最爱，也是最让他父母头疼的事。他似乎完全没有办法安静地坐下来认真玩儿玩具，也没有办法跟随大人学习。

他的性子非常急躁，看起来有极强的内心冲突。吃饭的时候极快，眉头紧锁，会一边吃一边大声给自己配音：“吃菜菜！吃菜菜！吃肉肉！吃

肉肉！吃饭饭！吃饭饭！”说一句就看大人一眼，有喜欢吃的菜就恨不得几口全部吃完，并时刻警惕着这个菜接下来还有没有剩。这是他面对自己喜爱的事物的态度。面对自己不喜爱的事物，比如当他爸爸一定要让他爬乱石或走很窄的小路时，他除了一贯的急——急到语无伦次，还会流泪。注意，最多也只是流泪，而不是像孩子们惯常做的那样痛快淋漓地大哭，更不会一边哭一边摔东西。他只是安静地坐着，抽噎地隐忍着，大颗大颗的眼泪不断滚落下来。连他父母都说他极少会哭，他爸爸说：“打他骂他他都不会哭，这个孩子非常坚强，但是对他好，他反而会哭。”

说实话，当听到“坚强”这个评价时，我是有些于心不忍的，因为我不认为这是坚强。一个不到 8 岁的孩子，这样的“坚强”太让人心疼了。以他的年纪和心智，这个时候的他，如果很伤心，最健康的表现是要旁若无人地大哭的。他甚至可以摔东西，可以一屁股坐在地上不起来，可以骂人，可以扑到爸妈的怀里去打他们。这些表现，有比判断行为对错更重要的意义：首先，这代表着一个孩子对成人的信任，他们确定父母的爱可以允许自己释放情绪；更重要的是，孩子在选择用大哭这种明显的方式来向成人发出邀请——请来陪我，我需要你。只有当一个孩子认为自己是值得被爱的，确信大人是无条件爱自己时，他们才敢发出这样的邀请。

所以，那怎么是坚强呢？那是他的心在说：我很孤单，我感觉不到被爱，我不信任你。而为什么不信任，为什么他对父母的怕大于爱？经过多日的观察和沟通，我和他的父母达成了共识：一个很重要的原因是他们对孩子说“不”的频率，实在太高了。

滑冰的时候，父母会说：“不要叫！我喊你不要叫！再叫就不准滑冰了。”

想让孩子配合自己做一件事时，父母会说：“不准玩儿纸，给我放下！听到没有？！安静！”

孩子好不容易配合着玩儿了一页自由贴图时，父母会说：“你这个没有贴对，喊你贴这边，这边！”

成人毫无意识的否定语是如何一点儿一点儿封住孩子的心，让他对父母只剩惧怕的？父母说他无法跟随，静不下心来学东西，可是想想我们自己，也并不想跟随自己根本不信任、不亲近的人啊。所以，父母是该学习一下怎么跟孩子说正面的话了。

滑冰的时候，我带着那个孩子，他每次控制不住大叫的时候我都会让他暂停一下，先帮他把他想说的话说出来：“滑冰的时候我好开心！”接下来是：“溜冰鞋说，哎呀好吵呀，我已经头晕啦，分不清方向啦！”“我们需要小声一点儿，才能和溜冰鞋一起好好玩儿哦。”其实，这样跟他说，他会很快安静下来。一旦他安静下来，我们就可以继续滑，等他控制不了又开始持续大叫的时候，再跟他说：“溜冰鞋说，我好累呀，我想安静地休息一下，然后再一起玩儿。”

也许会有父母觉得，像我这样好好跟他说，和让他“不要叫！安静！”效果并没有什么差别，他都会听从，然后再控制不住，再听从，如此不过是一个循环反复。但从另一个角度来说，既然并没有什么差别，那么为什么一定要用“不”的方式来说呢？更何况，两者之间是有着非常重要的差别的，一味地说“不能”，只是在告诉他“你做得不对，你不够好”，这是在消磨一个孩子的自信心。而用正面的话，可以不断提醒他把飘散出去无法控制的“我”拉回到他正在做的事本身：我正在滑冰，我需要和我的溜冰鞋一起好好相处，而且我是可以做到和溜冰鞋好好相处的。这就是我们需要帮助这些注意力太分散的孩子做到的一件很重要的事——让他回归当下，和他当下正在做的事产生连接。

我和这个孩子玩贴纸时，他也会一直玩餐巾纸。我想让他配合我时，不会命令他放下餐巾纸，而是会跟他说："哇，这个餐巾纸看来很好玩儿的样子哎！借我玩儿一下嘛！"他下意识地变得非常紧张，害怕我也会强制他，但我只是找他借，他不借我就挨着他跟他"撒娇"："求求你啦，借我玩儿一下嘛！"这个身体接触的动作多来几次之后，他就明显放松下来，于是我顺利地拿走了那张纸，然后把一个七星瓢虫的贴纸贴到了他的手背上："一只小瓢虫爬到你的手上啦！"这时他的注意力已经集中在了瓢虫贴纸上，完全把餐巾纸抛诸脑后了。

两者之间的差别在哪里呢？命令他放下他正在玩儿的餐巾纸，只是告诉他："你玩儿的东西毫无价值，你是错的，我很不喜欢。"这样是很伤孩子的自尊心的。我们要先肯定他，理解他珍惜一个玩具的心情，再用更让他感兴趣的东西和方式带领他走到另一个方向。在他对贴纸感兴趣的时候，我会接着让他做自由贴纸。那是一个农场，农场里可以随便贴上很多动物，还有动物的房子。一开始他完全是乱贴的，因为长时间地被压制训练，他只想迅速地完成任务，根本没有看自己贴的是什么，比如随手把一只蝴蝶"啪"的一下拍在纸上，然后赶紧找我拿下一张，再随手把七星瓢虫快速地随便贴到一只绵羊的上面。但是我不会像他爸爸那样纠正他，我会说："唔，一只蝴蝶飞上了小狗的房顶！""哇，七星瓢虫爬到了绵羊的背上！"——把他每一个无意识的动作加上一个正面的"意义"，就是在肯定他、带领他，持续把他无意识的自我拉回他正在做的事中。

持续这样做之后，我发现这个孩子在慢慢变得更有意识——他就在父母的惊讶中变得非常能跟随成人了。我们一起分享各种动物贴纸，让一只只的“小瓢虫”飞到我们的指甲盖上、鼻子上、额头上、耳朵上……中途他也会出错。比如，他妈妈让他给她的鼻子贴一只瓢虫，但是他连续两次都贴到了妈妈的额头上，她就一直说：“鼻子！贴鼻子！”

当时我没有当着孩子的面告诉妈妈应该怎么说更好，毕竟要在孩子面前保持家长的权威。其实更正面的说法是：“一只瓢虫飞到了我的额头上！又有一只飞上来了！谢谢你，宝贝。现在我的鼻子也好想要一只小瓢虫。”如果孩子当下有点模糊，妈妈不妨指着自己的鼻子发出这个指令，稍稍给他一点儿辅助。后来我一说，他妈妈就知道了这两者的差别，同样是先肯定他正在做的，再带领他去往另一个方向。

一味地纠正，只会让他变得越来越急躁，他会想：“我怎么就是做不对呢？我为什么做什么都是错的！”作为成人，不要直接告诉他“不能做什么”，更重要的，是要告诉他“你可以做什么”“你可以怎么做”。比如，火娃是特别爱玩儿水的，他在最近一年里特别爱把水从一个杯子倒进另一个杯子或者瓶子。现在还给自己加了难度，在倒入容器中时，会把一只手的手指几乎并拢，然后让水从两根手指的狭小缝隙中流下去。每次他外公看到都会骂他：“又倒水！不准倒！”火娃的情绪一下子就会上来。而我则会给他限定他能使用的容器：“你可以自己选择两个杯子或者瓶子，而且玩儿完了妈妈希望你把杯子和瓶子放好，把桌子抹干净，可以做到吗？”他会讨价还价，比如，希望能够多加一个杯子，没问题，我们会一起商量规则。这时候火娃的情绪会非常稳定，玩儿得很开心，而且最后会完全遵守我们共同商定的规则。

我不会对他说太多的“不”，而反过来，我在一点儿一点儿教他对我和其他人说“不”。

“我不知道。”

“我不会。”

“我不想这样做。”

“你这样我很不喜欢。”

“我不开心了。”

…………

一个孩子，应该是可以对大人说“不”的，这是另一种对自我的信心和对他人的信任的建立。有一句话是这样说的：一个人能量的80%，是通过眼睛得到和流失掉的。这句话可以部分解释为什么我们要花费那么多的时间去训练自闭症孩子的眼神。可是我想说，最好的训练永远不是训练本身，而是来自成人的有技巧的爱，只有正向的爱才能潜移默化地带给他们信心，而信心才能让他们打开双眼。

所以，我常常会观察孩子们的眼睛，不仅仅是自闭症孩子的眼睛。如果我发现，他们和父母之间可以很舒适自在地进行眼神交流，他们看向父母的时候，是喜悦的、自然的，而不是察言观色，不是畏惧，不是退缩，那么即便他们对陌生人暂时是沉默寡言和回避的，我也会觉得这个孩子的基础非常健康。他们一定得到过很多正向的支持，而且他们有很多可以发展的空间。因为亲子关系是一个人生命的源头，如果他们与这个源头有着很好的连接，还有什么困难可以造成困扰呢？这种巨大而源源不绝的能量是足以帮助他们对抗任何风雨的。

反之，如果这个孩子，和动物、和友善的陌生人、和小伙伴玩耍时眼神都很自然，却唯独在父母面前回避眼神接触，甚至带有一些惧怕，他们做很多事时都要先察言观色，我就知道他们的亲子关系并没有那么亲密，他们一定从父母那里得到了很严苛的负面管教。也许他们表现出来的是一个人人称道的循规蹈矩的乖孩子——很多成人以拥有一个循规蹈矩的乖孩子为荣——但我会对他们有更多的担忧。

芭芭拉曾经说过这样一句话：“乖孩子内心的伤是最多的，他们需要更多的关注。”当“乖孩子”们慢慢长大，遇到越来越多的困难时，从父母那里得不到足够多的能量的话，他们会非常孤单，特别是自闭症的孩子。随着年龄渐长，普通的孩子会发展出新的友情、爱情、亲情，去弥补小时候的缺憾；而对自闭症的孩子来说，来自亲人的理解和支持，几乎是他们一生的力量源泉。正因如此，我在带火娃的过程当中，向来是把亲子关系放在首位，我不会将他的任何进步，建立在对我产生回避的基础之上。我希望他和我玩耍时，永远都像现在这样，是笑眯眯地看着我的，他满脸满眼都是信赖和喜悦的样子。这就是我最大的成就。

孩子，我知道你想说什么

对于特殊孩子，大家的印象可能都是：一身怪脾气，满嘴火星文。不了解他们的人，根本不知道他们为什么生气，又为什么开始胡言乱语。

其实，每个情绪、每个行为的背后，都是他们在试图跟成人说话。所以，作为陪伴者，不管是父母还是老师，我们得用心去理解他们，要知道在那些看起来摸不着头脑又讨人厌的言行背后，他们到底想说些什么。

火娃出现最强烈的情绪问题的时候，就是我决定来大理的前一段时间。

那时他在寄宿，每周一送过去，每周五接回来。以前还好，周末都挺开心的，但是渐渐地，我发现他不对劲了。吃着吃着饭，他会突然拿起勺子用力地敲打桌子，青筋暴起的那种敲法，一边敲一边咬牙切齿，嘴里还发出“呃呃呃呃呃”的声音；玩着玩着玩具，他会突然把玩具丢得老远，这还不够，还要捡起来，把它用力地掰开、弄碎，然后又大哭着要我们给他安装好；他可能一言不合就开始打人，小拳头就像石头一样，攒足了劲儿，一拳下去，大人眼冒金星……

我要崩溃了，我束手无策，我不知道他到底发生了什么，他内心真正想告诉我的是什么。当时我只是觉得：这个孩子要废了……

后来，我、我爸妈都去了解了一下才明白，应该是学校老师的变动做了那个催化剂。以前学校里有几个他很喜欢的老师，还有一个对他很耐心的婆婆，但是那段时间，老师和婆婆相继离职了。原本他就很难接受寄宿，但如果学校里有他很喜欢、连接很好的人，是可以抵消那种凄凉感的。现在，喜欢的人不在了，他所有的负面情绪都被激发出来了。

了解完原因之后，我心疼得要死。因为我知道了，他所有这些所谓的“行为问题”，都只是在告诉我：妈妈，我好难过，我好愤怒。

有非常多非常多的委屈压在他的心里，以他的语言能力，他说不出来，他也无力反抗我们对他做的一切决定。他只是个那么小的小小孩啊。

我以前真的亏欠他好多，把他送去寄宿这件事情，尽管还是那句话：重来一次，当时的我，也依旧别无选择，但这件事给他带来的巨大伤害，我难辞其咎。可我能怎么样呢？那时我刚离婚没多久，我得去工作、赚钱，赚更多一点儿的钱。

白天上班，晚上接外稿，写微电影的剧本、电视台的各种文案，周末去给电视台的各种节目做嘉宾，有时候一坐就是七八个小时甚至全天，镜头对着你呢，你得腰背挺直、巧笑倩兮，还要保持头脑敏锐不能走神，等开车回到家的时候，觉得整个脊梁骨都已经僵掉了。

当然，还有抽空刻意进行的一切社交活动。我把我所有的时间都填得满满的，我不让自己有一个人闲着的时间。

那时的我，亏欠他到甚至没有勇气伸手拥抱他。如此伤害一个孩子，让他那么小就感受到被妈妈抛弃，领略到世界的无情，拥抱一下就能解决问题吗？

在那半年的时间里，在重庆那座城很多的道路边，都曾经停留过一个我，把车停靠，一支接一支地抽烟，哭到不能停。嗯，在家人和同事面前，还是要保持微笑。

然后，就有了那个他拼死抗争拒绝去上学的周一早晨。于是，就有了那个突然也不突然的决定：迁居大理。

买好了全家人机票后的一天，我一个人带他去家对面的公园玩，我坐在石板凳上，他在我脚边的草地上捡石头。我们静默无言。

有一刻，我看见他小小的、瘦瘦的背影，就特别想哭。那时四下无人，我就那样很自然地走过去，坐在他旁边，轻轻地摸了摸他的头发，眼泪一下流了出来。我说："火娃，妈妈对不起你，我不该送你去学校寄宿。现在妈妈不再工作了，我已经买好了机票，我们要坐飞机去大理玩了。以后，妈妈会一直陪着你的。"

也许是我的泪水太多了吧，他很吃惊地扭头看着我，一会儿看看我的眼睛，一会儿看看我滴上眼泪的裤子，一会儿看看滴上眼泪的小草，伸出小手去触碰上面的泪水。那可能是他人生第一次，真实地看到一个人的眼泪是如何流动的，而且会流得这样多。

可是，渐渐地他着急起来，因为看我一点儿都没有要停的意思……

他原本是坐着的，后来开始跪在我面前直起了身子。他伸出手，伸到我的脸上、我的眼睛上，一直抹，一直抹，一直抹……然后更多的眼泪就继续涌出来，我摸着他瘦瘦的肩膀，说不出话来。

他突然捡起脚边的一块白色的景观石头，拿到我眼前，那么急切，差点儿撞上我的鼻尖。他看着我的眼睛说：“小石头！一个小石头！”

我破涕为笑，这就是我十月怀胎生下的那个内心充满了爱的孩子啊！他如此爱我，如此担心我。他在用这种方式告诉我：“妈妈，你别难过。”

我接过那块小石头，亲吻他。我说：“你是担心妈妈，是吗？”

他怯生生地搂住我的脖子，但是没有靠近我，依旧担心地看着我的眼睛说：“是。”

我说：“那你可以对妈妈说：妈妈，你别哭。”

他迫不及待地说：“妈妈，你别哭。”

我赶紧擦干眼泪，笑着说：“妈妈不哭啦！这块石头很漂亮，谢谢你！”

他一下子就笑了起来，从地上爬起来兴奋地绕着我跑了一圈。

我想，他是因为我听懂了他心里的话，而且我好好地接受了他的善意吧。

孩子们需要大人去用心解读的时刻，非常非常多。如果误读，如果忽略，会让孩子有“全世界都没有办法理解我”的孤独感，因为对小小的他们来说，我们就是全世界。

有一次，我和朋友带他去西双版纳玩，去野象谷的那一天非常热，我看出来他已经有些不舒服了。然后，他突然就开始发笑，是看起来有些莫名其妙但是会让人以为他很开心的那种笑。那时我也不舒服，坐在路边的树荫下歇了口气，看见他突然这样，我赶紧站起来去问他：“火娃，你是不是不开心了，你不想继续走了是不是？”

他一下子就哭起来：“是！”从笑到哭，秒切换。

我摸着他的头安慰他，看着他的眼睛说：“妈妈知道了，你不开心可以直接告诉我的。”

他哭着抱住我：“妈妈，我不开心！”

“那我们找个凉快点儿的地方去玩水，等一下阿姨他们看完了表演我们就开车回酒店好不好？”

他明显松了一口气，赶紧拉着我，催促我走：“好！”

尽管他还是很不舒服，但是在接下来等其他朋友逛完，并走回车边继续等待的起码一个多小时里，保持着很安定的情绪，耐心地等待着。因为他知道，妈妈理解他。所以他也会用忍耐的安稳来回报我。

朋友吃惊地问我：“你怎么知道他不对劲的？”

我说：“在一个根本没有任何嗨点的时刻，他突然很努力让自己嗨起来，就代表他已经非常不舒服了。”

像这样的“我帮你说出你真正想说的话”的事情在那次旅行期间发生了很多次。有一天，朋友忍不住感叹：“你真的好懂他。”是啊，连我自己都觉得，我在很多时候很懂他。虽然一个人和另一个人之间不可能有完全的懂，但我在尽力而为。

以前我不懂，一方面是那时我还没有很认真地去学习治疗教育，那时的我是真的搞不懂；另一方面是因为我确实没有花那么多时间陪他，即便陪着，也是肉身陪着，精神上和他没有什么连接，那是一种不用心的陪，是一种“我对你负责任”的陪。用不带着心的眼睛去陪，就根本发现不了那些背后的真相，那些都是有脉络的，断了那个脉络，你就会不知所起，不知所终。

这两年来，我和火娃之间关系的变化让我知道，真正的倾听是不需要用耳朵的。

因为，在孩子身上，特别是在特殊的孩子身上，我们肉眼看到的和耳朵听到的，都带有一定的欺骗性。

随便举几个火娃的例子，就可以知道，当妈多不容易，当特殊孩子的妈多不容易。这简直是需要综合素质高到特工级别才能干的活儿啊。

“我要吃糖！我要吃很多糖！”背后的真实是：我不想让你在家里写稿子，我想让你骑电动车带我去兜风。

把一桶水全部倒在天台上，而且倒在我能看到的地方，一本正经地说：“我在玩鱼，鱼在游泳。”背后的真实是：你的朋友该走了，怎么在我们家跟你聊这么久！

在课堂上突然发笑，说：“妈妈，你好美呀！你长得像个美羊羊！”背后的真实是：我实在不想上数学课，我觉得我学不会。我们来剪纸或者玩贴纸吧！

集体做游戏的时候，明明会的动作故意装作不会，而且装作听不见老师的声音，自言自语扰乱秩序。背后的真实是：妈妈，我很担心我做不好，我怕他们会笑我，而且这里真的好吵好吵，我的耳朵已经快要受不了了，你干脆让没用的我离开吧！

我能做什么呢？我能做的只是告诉他：你要说的话，我都听懂了。可是，亲爱的火娃，我不会一直迁就你，我不会什么都由着你的性子来，我会让你做你能做的事情，我会鼓励你去完成你能完成的事情。

如何应对孩子的“坏情绪”

情绪问题，大概是家长们最担心的问题了，有个大姐姐说话比较直接，她这样表达自己的担心：“蠢一点儿有啥？我蠢我不影响谁啊！人际交往不行有啥？没朋友我一个人玩儿嘛。有情绪问题，小的时候还好，大了那就真是带不出去了，只能锁在家里。”

话糙理不糙。前文已经说过，当时带火娃来大理，就是因为他的情绪问题已经很严重了。

前十几年我听情感倾诉，看了太多抑郁、焦虑和痛苦，也看到太多人游走在自杀的边缘，选择永远离开的人也不少。深感一个人能否好好地活在这个世界上，是要看她是否能够“感到”幸福，而不是按照社会的标准“得到”幸福：比如上了好的大学，有一份好工作，老公赚钱，孩子健康。因此，很多抑郁症患者都不被家人理解：你都条件这么好了，还有什么不满足的，你到底想怎么样？“感到”幸福和“得到”幸福，这两者中间关键的差别，是一个人的心灵是否安稳。

所以，时至今日，包括以后我陪伴火娃的这一生，我都会把他的情绪以及我俩的亲子关系放在首位。如果取得任何进步，要以牺牲他的情绪为代价，我都认为那些进步不值得追求，至少不值得急功近利地追求。余生很长，我们不必被这个高速发展的世界催促着往前走，我们可以慢慢来的。

但是，以我这些年带火娃的经历以及我与那么多家长的交流，我发现，关于“到底什么是坏情绪”和“坏情绪如何应对”，我们是缺乏认知的。总结几条个人感想与大家分享。

第一，发脾气不等于坏情绪。

每个小孩，或者说活在这个世界上的每个人，都会发脾气，都应该发脾气。发脾气是我们排解情绪的一个非常健康和必要的渠道。我们成人遇到特别伤心的事情时，号哭买醉不是常事？成人夫妻吵架时，不也一哭二闹三上吊、摔锅打碗的？

但特殊孩子的家长往往如惊弓之鸟。有在我家里住过十几天的家长，看到过两次火娃发脾气，两次都是他已经很困了，还要继续玩儿玩具，而且也已经到洗澡睡觉的时间了。如果是我来处理，我会告诉他可以再玩儿 5 分钟，我们把闹钟定上，给他一个规则的同时给他一个缓冲。但因为外公外婆的处理可能比较硬性，直接让他不要玩儿了，所以他就生气了，开始哭闹。我来介入处理的时候，他已经不依不饶了，同意他继续玩儿玩具都不干。

我问：“所以你现在就是很想哭一会儿，是吗？”他一边哭一边说：“是！！！”我说：“好吧，那你就好好哭一下，妈妈在这里，你随时可以来找我哦，5 分钟后再去洗澡睡觉。”

其实，还没到 5 分钟，他就一脸困得受不了的样子了，哭也渐渐变成假哭。于是，我给了他一个台阶下，拉他去洗澡，他一开始还哼哼唧唧，但是热水澡一洗，就开开心心地去睡觉了。

这样的哭闹在我看来，是太正常的一件小事，所有小孩都是会借题发挥闹一闹、撒个娇的，他们只是有一点儿委屈，需要大人的陪伴。但是，住在我家的客人就非常替我担心，他说："火娃的情绪问题很严重啊！"

所以你看，对于"情绪问题"的理解，每个人都是不一样的。

他的小孩之前在康复机构，每天早上老师们都会让小孩子肆意地大喊大叫很长一段时间，然后再来进行一对一的练习。我当时听了觉得这样真的很好，对于语言不好、内心压抑很多的特殊孩子来说，每天能够给他们 20 分钟可以很放肆地挥洒精力和抒发情绪的时间，对他们后续安静地坐下来配合大人学习是非常重要的。但是他不能理解，他甚至连小孩闹 5 分钟都无法忍受，度秒如年，他觉得放任只会让小孩更疯，他需要一个"听话的乖孩子"。

那么，什么样的情绪才是坏情绪？我觉得，"反常"才是坏情绪的标志，哭闹并不是唯一的判断标准。

比如：完全没有预兆的或者持续太久的大哭大闹、大喊大叫，甚至自残。

之前我组织过芭芭拉在大理的治疗教育项目"明珑项目"，其中有一个环节是父母跟随老师学习，而孩子则一对一地跟着陪伴老师去爬山。有一个陪伴老师说，她带领的孩子前一秒都还在开开心心地爬山，后一秒突然开始崩溃大哭，用头去撞地，她手足无措，只能伸出手垫在地上，让孩子的头不受伤。芭芭拉感慨地说："很多时候我们确实不能理解到底为什么，他们也许是闻到了某种记忆中让人痛苦的味道，也许是一声鸟叫触动了什么，甚至是突然想起了 5 年以前的某件事……这些也许我们一辈子都无从得知，但是我们可以做的，就是在当下陪伴他们，保护他们不受伤害。”

还比如：受到了委屈，或者受了伤，表现出来的却不是痛苦，而是大笑，或者过分的安静。他们没有哭闹啊，看起来情绪很好啊，但是，因为太“反常”，所以这可能代表情绪有更大的问题，他们需要大人更多一些的关注和倾听。

第二，成人的坏情绪，更像龙卷风。

很多时候我们会发现，当孩子情绪上来时，成人是更无法自控的那一方。经常是：孩子原本是哭一会儿就好了，但因为成人粗暴地介入，孩子要么恐惧发抖不敢哭了，要么被吓得从 5 分钟就好变成哭 30 分钟还没停，夜晚还要做噩梦。

当然，“一点就着”的成人也不会好过，孩子闹一下，可能造成成人持续多日的负能量爆棚——自己内心不稳的成人，是最容易被孩子控制住情绪的。

所以，我时常说，相比“一切为了孩子着想”，成人首先要满足自己的需求，让自己内心平顺、安稳，才是更重要的事。不然陪伴只是压力，技巧都是空谈。就像第一条里我说的，并不是只有哭闹才是坏情绪。同样的，对于成人来说，坏情绪也有看起来截然相反的表现。

特殊孩子的家长，我觉得有两类特别需要关注自己更多一些。有一类是太纠结于如何把孩子的“不正常”变为“正常”，整日里陷进去爬不出来。孩子怪叫一声大人就头晕，玩儿一下手指大人就要崩溃，加减乘除教一万遍也不会那就更不得了了，分分钟感受到什么叫绝望。这样的家庭氛围，恐怖气息太浓重了，没有人能独善其身。你会发现这样的一个成人背后，往往还伴随着夫妻不睦、和老人的关系失和，工作也不会让人太愉快。成人还可以深夜痛哭、吃大排档、唱 K 买醉，孩子呢？孩子们连哭闹 5 分钟大人都觉得他们有情绪问题要去管教，深夜痛哭只怕要被当成精神病患了，他们又该怎么活……

还有一类是开始过于美化自己的孩子和生活。所以，我现在真的特别抗拒“他们是星星的孩子”“他们是纯洁无瑕的天使”这一类的说法——如果这些说法不是让家长们更接纳自己的孩子，而是变成一种美化的话。过分的美化本身，就是一种不接纳和放弃。

确实，每个小孩生下来都像天使，但这些“天使”不是只需要悬浮在半空扑扑翅膀，什么都不用对他们做，他们就会自己长大的。成人需要看到他们的优点，但是不要过分美化他们的优点；需要正视他们的缺憾，也要学习如何去带领他们尽量弥补缺憾——比如，你可以说特殊的孩子没有心机、心灵纯粹，但是你也得承认他们需要更多人际交往技巧的练习，他们需要更加了解这个世界的运作，他们需要经历一些挫折，他们不能永远被保护在一个温室里。

而且，不管是普通小孩还是特殊小孩，他们怎么可能一直都是天使？睡着了还差不多！更多时候他们就是一个在地球上活蹦乱跳的、可恨可气又可爱的小魔鬼呀！调皮起来真的特别讨厌，特别让人烦，特别讨打！承认、正视、接纳、引领，这就是成人为人父母需要承担的责任和需要去和孩子一起成长的功课。

第三，如何解决坏情绪?

陪伴和倾听是首要的。成人要知道，孩子所有的坏情绪，其实都是在向成人发出恳切的邀请：请来陪伴我，请来理解我。先抚摸他们，耐心地告诉他们：爸爸妈妈知道你很难受，我们爱你。让他们知道父母永远是值得信任的人。接下来，才是根据每一个实际情况具体去做的工作，比如给他们缓冲的时间，比如告诉他们可以做什么。

但我在这一篇里要分享的最重要的一定是：给孩子一个尽量简单而规律的生活。只有一个长期持续的规律生活，才能让大人和孩子重建一颗安定的心。

我的朋友在孩子最焦虑的时候，每天带孩子上 4 个课程，白天是感统训练、语言治疗、桌面个训，晚上还有音乐治疗。她在一个很堵的大城市生活，每天带孩子辗转 4 个地方，花在路上的时间超过 5 个小时，堵的时候七八个小时也是可能的，日出而作，日落很久很久了还没息。

这个有没有规律？有，但这是一个很可怕的规律，太复杂，压力太大了。大人、孩子，累得连看都不想看对方一眼了，在家里和老公也是吵得鸡飞狗跳，她觉得付出和得到太不成正比。一个成人，都已经那么那么累了，何况是一个才几岁的孩子？每天这样被拖着辗转大半个城市，他也会觉得人世艰难吧。

关键是，4 个机构，4 个课程，4 个老师（或者 8 个、16 个，甚至更多，因为机构里不可能每个小孩的每节课都是同一个老师来上），4 种或者更多种完全不同的标准、说话方式、教育模式……换了大人，就像在一天之内跑 4 个地方，开 4 个参与人和主题都截然不同的会议，而且这些会议的主题都是你很困难才能理解的，但是每一个都需要你全神贯注去配合，不然你的老板就会惩罚你，给你甩脸子看，你会不会迷惑？会不会焦虑？如果你连续一整年，甚至连续很多年，每一天都这样做，你会不会崩溃？！

在父母看不见的内心深处，孩子一定早已崩溃。只是，他们中的很多人，从小就经历严苛的训练，他们已经习惯了被当作机器，他们以为这就是人活着注定要走的一条荆棘丛生的路。

另一种不规律的生活是频繁地转学。基于那个“6 岁以前是黄金恢复期，12 岁以前都还有得救”的所谓“常识”，越小的孩子越被父母寄予很高的希望，一发现“据说理念更好”“据说孩子恢复得更多”的机构，就扑上去排队，试用短短几个月，甚至只是一个月，“没有效果”就立马换下一家。

有一个妈妈，在带着她的孩子两进两出一家机构时，那家机构的负责人了解到，算上最后这一次，他们在发现孩子患有自闭症的短短 3 年间，已经换过 11 次机构，终于抛弃一贯的温文尔雅撂了极狠的狠话：“以后不要再来了！有你们这样的父母，这个孩子一辈子都不会好！”

这位妈妈在微信电话里号啕大哭，直哭到铁石心肠的我都忍不住流下泪来。我非常非常非常理解她的难、她的急，换 11 次机构，看起来疯狂的举止背后，是一个完全不知道怎么办才好，只想尽所有能尽到的努力，让孩子能变好一些的可怜的母亲。

我记得我当时跟她说的是：“孩子的进步，不是在很短的时间就能看得出来的，需要漫长的积累，而且这个积累最好是贯穿始终的，你不能跳来跳去的。如果我告诉你，火娃前一天还不会点数，第二天就可以突然数到 100 了，紧接着我们就开始着手做加减法了，你会觉得别人家的孩子进步很大吧？但是，在那一天之前，我教了他整整一年，他都是蒙的。还有，一套贴纸游戏书，也是前一天还需要我提醒，后一天突然把我推开，一个人完成了剩下所有的任务，而且那些任务都是我留着准备最后做的最难的部分，他基本就是扫一眼就知道该怎么做，动作飞快，你也会觉得那是别人家的孩子吧？可是，在这一天之前，我陪他玩了整整 6 个月，玩了整整 6 本，在这 6 个月里，他只是感兴趣，但几乎每一张都需要我辅助。如果我在那一年和那 6 个月里，因为他没有太大进步就放弃了，怎么可能等得到一年后的那一天和 6 个月后的那一天的开心呢？”

后来我与这位妈妈失了联系，她很久都没有更新朋友圈，如果她能看到这本书，我希望她是采纳了我的建议的：给孩子确定一个能和老师好好沟通的学校长期待下去，并且将家中的教导方式，与学校保持高度一致，给孩子一个尽可能简单而连贯的规律。比如，如果在学校，吃完饭后是需要自己收拾碗筷的，那么在家中，请让孩子也这样做。

不要担忧太多的未来，认真地活在当下，未来自然会来的，一颗安稳的心，可以支持我们接纳任何一种未来。愿我们大家，都能好好地感知安稳的幸福。

你要明白：有些事孩子是真做不到

有一天，一个素未谋面的家长跟我聊天，她说在机构里感觉要疯了。

其实，她个人是很接纳孩子的状态的，也是很能看到孩子的进步的。可是，机构里焦虑的家长实在太多，每次孩子们在里面训练，家长们在外面等的时候，大家讨论的主题基本都是一个大类型：如何能以最快速度把孩子变正常？

她现在不大敢发言，因为她总是有些格格不入。有一天，她只是忍不住说了一句“我觉得他挺正常的，一定要去台上唱歌跳舞才正常吗？”，整个气氛就一下子降到了冰点。

渐渐地她被排挤，家长们觉得，她是那个搅浑水的“后进分子”，有的家长甚至当着所有人的面说：“你在耽误孩子。”

可是，她说：“我觉得耽误都比那样好。”

她说的“那样”，是她有一次在朋友的小区等人，偶然看见在亭子里有她认识的家长，正在捏住孩子的两个肩膀，不住地摇晃，痛骂孩子。那天下着雨，又冷，整个中庭都没有人。她不知道如何面对那个场面，于是躲在了树后。耳朵里传来的是：“我跟你说过多少遍！你怎么又做错了？

这你都不知道！你是猪吗？你这个没用的东西！”孩子在一边不住地大声号哭、尖叫。

她说：“当时我的眼泪忍不住哗哗地流，我觉得我们的孩子活在这个世界上，太苦太苦了。我好讨厌好讨厌那个妈妈。”

我曾经和她有过相同的经历，我也曾经好讨厌好讨厌一个妈妈。她总是大声地责骂孩子，她的孩子总是手足无措，情绪问题当然也很严重，会突然大哭，会拿头撞墙。我觉得，她要求孩子做到的事情，是一个自闭症孩子根本就做不到的，甚至是一个普通孩子都不可能完全做到的，比如，她强制他一定要集中精神，强制他一定要学会她教的所有知识。

可是有一天，我看见有一个人在这个妈妈又大声责骂孩子的时候，温柔地拥抱了她。这个妈妈当时就哽咽了，是那种万千委屈从喉咙滚过的哽咽。她说：“我这些年……他爸爸又不管他……都是我的错……都是我没有教好……”

当时我的胸口一下子就痛了起来，我瞬间一点儿都不讨厌她了。我知道，她一定一定经历过我们不知道的“这些年”。就像我们所有父母的“这些年”一样，充满了太多说不出来的委屈、软弱、绝望、悲凉……即便这本书有十多万字，“这些年”都依然欲语还休。

当我放下这样的成见，去默默关注她的朋友圈时，我发现她确实不是我们一开始认为的那样。她还是会时不时很崩溃，但她一直在反思，她会跟孩子道歉，会让自己一点儿一点儿学习如何鼓励，而不是强制；会学习看到孩子的进步，而不是盯着他的缺点。她在很努力地学习放下执念。

我给那个在雨中流泪的妈妈分享了这个故事。我说：“其实，不管是你，还是我，都会有很崩溃的时刻，都会想：我付出了这么多，为什么你还是做不到？”

她发来带着哭腔的语音：“我不讨厌她了，我现在只有心疼，心疼我们所有人。这个世界上没有一个孩子的妈妈是容易的。谢谢你告诉我这个故事。”

身为照顾者，我想我们每个人都曾经不止一次，甚至不止一百次、一千次、一万次犯过这样的错误吧——“你为什么做不到？”

你为什么做不到分清鞋子的左右？

你为什么就是不会系鞋带？

你为什么不能好好地坐在椅子上听课？

你为什么背不出课文？那一篇才几十个字而且已经念了起码 100 遍了！

你为什么不会算基本的 10 以内的加减法，甚至学不会数数？

你为什么就是搞不懂“你”和“我”？

你为什么不能放弃那些刻板的自我刺激动作？

你为什么非要自言自语？

…………

可是他们真的就是做不到，他们也许以后会做到，只是也许。但是当下，他们就是没有办法做到。就像我爸以前会经常说：“火娃就是不认真，他一认真什么问题都没有。”我妈则会纠正：“不是他不愿意认真，是他没有办法。”现在我爸已经能理解他了，很多时候，他是真的做不到。

身为最有可能理解孩子的父母，大概最重要的功课就是判断孩子眼下稍微踮起脚尖能做到的是什么吧。接纳当然很好，但没有帮助和带领的接纳，并没有太多的意义。因为那样的接纳只是变相的放弃：你这辈子就这样了，我们都别想太多。

我是最近两年才真正懂得“稳步，慢行”的含义的。

我会经常鼓励他：“妈妈相信，你可以做到的。”

在我写这篇文章之前，火娃刚刚如有神助般，把两幅 48 格图上缺了的 20 块拼图拼好了。

以前他是连一幅小图上缺两三块都不知道拼在哪里的。他只能接受在平板电脑上拼图。我想电脑和纸质书的拼图，大概运用的是大脑里两个不同的区域。

在教他拼图的时候，我已经能基本做到不急（当然有时候还是会想，不行了，我要打你）。因为我很清楚，他能做到什么，不能做到什么。我说“我相信你能做到”，是真的觉得那件事他可以踮起脚尖，努力一下就能做到。

比如，他也许能做到的是：一点儿一点儿，一点儿一点儿，反复地练习，学会拼图。

他肯定不能做到的是：突然一下就学会纸质拼图。现在想来，他从只能拼两小块，到突然可以拼一整幅，几乎是跨越性的。再一次说明，我们教给他们的东西，他们都吸收了，只是表达的方式和时间与普通孩子不一样，他们不是一点儿一点儿把进步展现出来的。“好像一下子就学会了很多东西”，在很多自闭症孩子身上都会出现。

所以，带领这样的孩子，真的是急不来的事。火娃就是这样一个对

“智性学习”很艰难的孩子。所有他擅长的，都在一些动用感官的灵性的领域。

曾经我想教他拼音，我觉得这样会让他能阅读更多的字。但是后来我发现这对他太难了，而且，既然认识汉字对他来讲并不难，现在他已经能进行很简单的阅读，那么我为什么非要逼迫他去学习这么抽象的知识呢?

阅读，是另外一个需要我去清晰判断“他能做到”和“他不能做到”的领域。

他能做到的是：从最简单的、他感兴趣的课文开始跟读、背诵。通过这样的方式，练习语感和发音、记忆，并从中看到自己认识的汉字越来越多，为自己感到惊喜。

他不能做到的是：认识他所背的课文里的每一个字。他也不能做到，从一个目不识丁的文盲，突然就变成一个爱看书的好儿童。

而在进行所有的学习时，注意力集中，当然是另外一个他没办法做到的事。

毕竟他是这样一个感官敏锐的孩子，小风吹过，小虫子爬过，都会让他分心。他甚至能听到我根本没办法听到的声音。

我记得，有一次他又专注地侧耳细听，我根本拉不回来，干脆问他：“你听到了什么声音？”

他很确定地说：“打鼓的声音。”

那天我们在朋友家，确实外面的街上有卖非洲鼓的摊位，但是离得真的还挺远的，至少凭我的耳朵，是根本听不见的。

所以，我如何能让他“注意力集中”呢？他没办法应对灌进耳朵里的所有的声音，他甚至必须时不时关闭听觉，来保护自己。

我只能更耐心，让我自己的带领方式更有趣，到足以能从外界吸引回他的注意力。

火娃还有“边缘视觉”的特点。他也许是觉得自己不需要，也许是不能承受太多，所以很多时候，他是不会像普通人一样去认真地看一个事物的，他扫一眼就觉得够了。这样其实会让很多人觉得自己没有被重视，也会让老师觉得他“不认真”。

比如，当我们集体在用模子来做月饼的时候，他一副完全不想看示范，也根本不想听步骤的样子。当天确实孩子们太兴奋，声音对他来说实在超负荷了。他坚持待了一会儿，就跑出门去。

当我把他叫回来，希望他能完成自己的那一个月饼时，他却快速地按照正确的步骤完成了。也就是说，尽管看起来他没有看，也没有听，但其实他只是快速地扫了几眼，或者用余光看了一下，他就已经掌握了他要学习的步骤了。

而我知道有的孩子是视觉爆炸型的，当我们在看一个东西的时候，眼里只有那个东西，而他们则会看见全部，所有的信息扑面而来。

有的则会看见所有的字都在书上跳舞，这不是一个比喻，这是无法摆脱的可怕的真实。

天宝·葛兰丁是美国一位畜牧学专家，她算是世界上最有名的自闭症人士了。在她的书《我心看世界》里，可以看到很多她分享出来的关于自闭症的一些感觉问题，比如：有的人会因为视觉深度扭曲而感到上下楼梯特别困难；有的人一旦进入噪音集中的地方（如超市）就会耳朵疼，濒临崩溃；有的触觉过于敏感以至于衣服的缝线都能让他们的皮肤感到疼痛和灼伤；有的人看到的世界就像万花筒，全都是碎片，而有的人又像从狭窄的纸筒里看出去一样，只能看到局部。

每个自闭症的孩子，都会有这样那样的感觉失调，这让他们很多事情都做不到。他们中的很大一部分人，都没有办法向成人表达自己的真实感受，即便有幸能够表达，普通的成人也只会觉得：你在说谎，你就是不想做。

不被理解的孩子，才是最委屈、最孤单的人。

我至今也不敢说，我是一个能做到理解他的妈妈，因为两个普通人之间，都不可能有完全的理解，何况是我和无法流畅表达的他。但因为我至少理解了这种委屈和孤单，比我身为一个自闭症孩子的妈妈的程度更甚，心中的疼惜和不舍，应该会带领我一点儿一点儿更接近他吧。

不严厉，则温柔无意义

有一天，不记得是和 K 聊啥，大概是说，有些与人交往的技巧、规则、分寸等，是不管父母怎么教，都不如别人来给一点儿小教训让孩子长记性的。

她举了一个例子。

有一次，她带着孩子小 S 去市场，摊位太多，小 S 就一直伸手弄这个弄那个，阻止了一次，下次又来，根本没办法好好买菜。最后，他要去弄一个老奶奶的米。

那个老奶奶和别的摊主不同，她直接把生气摆在了脸上。K 就很兴奋，装作没看见，走远一点点，默默地给老奶奶鼓劲："你不要只是骂他，他听不懂，你快去打他！"

可是老奶奶只是在那里嘟囔嘟囔，连伸手阻止都没有。

她好失望。最后她去带小 S 离开，老奶奶又操着听不懂的白族话跟她抱怨，她带着一点儿娇嗔地跟老奶奶说："你打他嘛！"

事后她跟我讲："真的好想那个老奶奶能打他一巴掌呀！别人打和我来打，效果肯定不一样，会更长记性。"

老奶奶可能想：人家的娃娃怎么好下手？我能怎么样？我也很崩溃啊！

夏天的时候，我们共同的好友L过来，我们一起带孩子们去温泉，又聊到这个关于“别人需要给他们一点儿教训”的话题，我说：“我们一定要随时提醒自己，要假装那不是我的孩子。”

L的孩子7岁，他暂时还没有学会用语言沟通。那天他似乎很喜欢泳池里的一个小女孩，就一直跟着她，坐在她的旁边，笑眯眯地看着。小女孩被看得不大好意思，就一直躲，然后两个人就一直不停地换位子，你去哪里，我就跟到哪里。

L说：“怎么办，我觉得那个小姑娘已经要烦死他了。”

她马上又告诉自己：“不不不，我不能插手，我要在一边玩手机，我要假装那不是我的孩子，我要给机会让别人来告诉他：你再喜欢我，离这么近也是会让我不舒服的。”

最后，不知道小姑娘说了什么，也没有看到到底是不是发生了什么，总之，小姑娘已经在泳池的另一边玩了，而L的孩子看起来一点儿都不难过地放弃了继续追逐，开始在泳池里愉快地观摩其他的小朋友玩耍了。

假装不是自己的孩子，这一点其实我自己也很难做到。

带着特殊的孩子，不自觉地，就会怕给人添麻烦，也担心他们会受伤，所以，确实是会把他们看得比普通的孩子紧很多。而且，因为他们的语言表达能力没有那么好，很多时候，我们会情不自禁就代替他们发言或者教他们如何说话。于是，很多明明可以从别人那里得到的教育，就很难得到了。

我们把他们照顾得太好了。

今年中秋节的时候，朋友们来我家吃饭。饭后我们一起带孩子出去散步赏月，走到一处停着车的路边时，火娃突然伸出手，拍了一辆车的引擎盖。

他很迷恋车。停车场是他最爱去遛弯儿的地方，这个摸一摸，那个拍一拍，他认得几乎所有车的品牌。

但他从来不会伤害车。以他的力道和对车的喜爱，拿手拍一下，当然是不会给车带来任何问题的。

可是，司机们不会这么认为。我也开车，所以我很理解那种感受。当我们坐在车里的时候，车的外壳已经不是一个独立的东西了，它在某种意义上就像我们的另一层皮肤。我们明明知道，路过的人拍一下我们的肩膀，甚至摸一下我们的头，不会给我们带来任何伤害，但我们还是会有被侵犯的不适感。

而且那天火娃拍的那个车里面，男司机正靠在坐垫上玩手机，火娃那一拍，把他吓了一大跳。

他腾地坐起，开门下车，生气地指着火娃说："哎，你这个小娃娃，你干什么？！"

朋友离他最近，马上连声道歉。

司机又嘟囔了一句"你这个小娃娃，搞什么搞"，就扭头上车了。

前后不到半分钟。

我是这件事情完毕之后才觉得好后悔啊，我错过了一个多好的"假装不是我的孩子"的机会！

我跟火娃说了很多次："我知道你不会伤害车，但是人家不知道，碰别人的车，车的主人是会不高兴的，所以，即便非常想碰，也要先确认车子里面和外面有没有人。"

这么多年了，我是第一次遇到愿意专门下车一趟来教训小孩子的人，多么难能可贵！而我居然只是在朋友道歉的时候，傻乎乎地看着。

这时我应该把已经逃离现场的火娃抓住，一把推过去啊！

请接受来自他人的批判。

我不觉得温柔和包容可以解决所有的问题。孩子是需要严格甚至严厉教导的，他们做的很多事情都是在试探那个边界，他们需要成人告诉他们界限在哪里。

有一次朋友说，她已经跟老师沟通过很多次了，在小孩犯错、做不合时宜的事情的时候，他们一定要对小孩严厉一点。比如，集体就餐的时间，他必须坐下来和大家一起吃饭，他可以吃得少，他可以吃得慢，但是他得安静地坐下来。他不能在这样的时刻到处跑来跑去影响别人，然后没到下一个饭点的时候又闹着要吃。

她甚至给老师演示了如何去做：对于这个精力过于旺盛、很难按住的孩子，你可以很用力地握住他的肩膀，让他感受到你比他强大很多。男孩子是很需要服从一个权威的，当他带着一些臣服看向你的眼睛时，你要很坚定地告诉他，他应该做什么。

她想跟老师表达的是：在学校里，他就不再是我的孩子，他是你可以完全放手正当地去管教的学生。

可是，老师似乎很难做到。他们总是在担心，担心严格会招来其他家长和老师的投诉，担心这样会不符合学校的规定。

毕竟，这是一所充满爱的学校，一所让孩子释放天性的学校啊。

可是，我觉得，不严厉，则温柔无意义；无规则，则释放无意义。

能够做到对他人严厉、很清晰地明确规则，是需要一个人非常有自信心的。

他必须有很清楚的意识，知道自己在说什么、做什么，能确定说的和做的是正向、有益的。而且他要有信心去把他的严厉控制在合适的程度，有信心把控自己，而不是被一个小孩子的顽皮牵着鼻子走，有信心自己不会越界。他还要有信心去面对有可能带来的讨论甚至辩论，说别人是错的，那最好证明自己是对的。

这是我在很多成人，包括我自己身上都经常看不到的东西。

没有自信心的人，口头禅通常是“没关系”“都可以啦”，给人的印象通常是“温柔”“好脾气”，他们是“好好先生”。

以前，我在面对别人的孩子时也是这样的。

熊孩子在家里超级大声地吼叫，我内心说着：“你能不能闭嘴！”嘴里说出的却是：“哎呀，小孩子都这样啦。”

没有界限的孩子跑进我的房间，居然还说“你的房间怎么这么乱”，气死人了，我内心说着：“哼！我又没有邀请你进来！”嘴里说出的却是㞞㞞的一句：“是哦，真的是挺乱的。”

小孩对着我骂脏话，我心里很不舒服，觉得应该指出来他这样说话是不对的，却又怕人家的爸妈不舒服，就只是默默地装作没听见走开了……

而在我真正开始学习做一个老师的时候，我发现一些改变在慢慢地发生。我慢慢地不再是一个纯粹的妈妈的视角，我慢慢地相信自己，我真的是一个老师了——虽然严格来说我的学生一直只有火娃一个人。

认为自己有资格做一个老师，这大概也是一种自信心的复苏吧。

于是，近期来我家的小孩就没有那么多“好日子”过了。

我会提供很宽容的环境，但是，我有清晰的边界，有主人的规则。

然后，我就发现一些有趣的不一样，关于家长。

有的家长从一进门开始，就一直在和孩子说话，告诉他们这是什么，那是什么，这个不能碰，那个不能碰，我根本就插不进去话。这样的小孩子一般都会比较拘谨，作为一个主人，我没有机会跟他们对话，也就谈不上任何限制，但他们往往是早早地就主动提出要离开的。他们感觉到不安适。

而有的家长似乎能在短短几个眼神和几句话的交流中，就与我达成某种默契。他们放心地让我成为真正的主人，让我来和孩子对话，告诉他们，在这个新的环境里，你可以做什么，你不能做什么。

记得有一次，一个爸爸带着他的女儿来大理旅行，顺便到我家玩，那也是一个谱系的孩子。我们是第一次见面。

在一楼，这个爸爸让想直接跑上楼的她先等一等：“我们需要先问一下阿姨要不要换鞋。”

我稍微低下头，看着小姑娘的眼睛，说：“不用换鞋，请跟我一起上去吧！”

过后那个爸爸告诉我，其实就是那一刻，让他瞬间和我有了一种默契，知道在我家可以不用管孩子太多了，我会带领她。

我觉得奇怪，我不知道是哪里起了作用。他说：“因为我在代替她问你，而你是很自然地看着她回答。很多人都会下意识地回避和特殊孩子的直接交流，即便是特殊的家长，但是你似乎有一种天然的信心，你不惧怕，你觉得你能和他们交流，你也相信他们即便不回答，也能听懂。”

我的脑子里又响起了那一声“叮”。

这是连我自己都没有意识到的一个改变。是的，我似乎真的越来越不惧怕和任何类型的特殊孩子相处，这就是信心吧。我只惧怕管得太多的大人。

那天，我处理了一个这个小女孩和火娃的小冲突。全程，她爸爸都很配合地在一边喝茶，没有插话。

上楼的时候，火娃正在用小积木拼装他的小车，小女孩也很想要，她直接就去抢了。

我牵过小女孩的手，说：“嗯，我知道你也很想玩这个小车。但是这是火娃正在玩的，你需要先问他可不可以借。”

她很乖地问：“可不可以借？”

火娃直接回答：“不可以。”

我说：“火娃说不可以，那我们现在可以先玩其他的玩具，阿姨家里有非常多很好玩的玩具哦！我们可以耐心地等待，也许过几分钟，我们就可以和火娃交换玩具了。”

我拿出了一套更大的积木。我故意选择了火娃也很爱的一套，那是一个游乐园。

小女孩很开心地玩了起来，现在换成火娃纠结了。他站起来走到小女孩的旁边，一副很想两个都霸占的样子。

我和那个爸爸都“阴险”地笑了起来，等着看他怎么办。

火娃也伸手了，想把那套积木拿走。

我很坚定地阻止了火娃：“不可以。这是妹妹正在玩的，你也需要等待。”我把火娃的凳子移到桌子的另一头：“现在，请你坐下来玩自己的玩具，我定一个闹钟，10分钟后，你们再来决定要不要交换积木。”

有了这个规则和可以期待的时间，两个孩子变得很安适，他们坐在桌子的两头，一边玩自己的，一边时不时看看对面，有一刻，他们甚至害羞地相视而笑。

10分钟后，闹钟响了，他们顺利地交换了玩具。

事后我和这个爸爸达成的共识是：小孩是会欺负软弱的大人的。

或者说，不是欺负，而是一旦他们敏锐地察觉到了大人的没有原则、没有信心，他们就会无所适从，会下意识地觉得这个大人不会公平公正，是不值得信任和跟随的，他们的所有权利都只能靠他们自己去争取。哭闹、抢夺，一方面是试探大人的底线，另一方面也是他们为自己争取尽可能多的好处的方式。

为什么说小孩是鬼精灵？因为他们还保有灵性和超强的直觉，他们也许无法表达，但可以一眼看穿你的内心。所以大人有什么理由不修炼自己？不然，分分钟就被他们打败了！

如何正确地“殴打”一个孩子

有时候，看见火娃特别可爱，我就会拍照、拍视频发朋友圈。一片评论都是：“看这个孩子笑得，真乖，真好！”“你这妈当得可真有耐心！”

隔着屏幕的我对着手机阴笑。

现实中的朋友们也经常说：“平心而论，即便和普通孩子比，火娃都算很听话的了。”火娃确实算听话，因为他也会长大。以前不听话，是因为以他那时的理解能力，他真的听不懂我在说啥……

比如，他吵着要买车，我说明天或者周末我们去超市买，他就蒙了：“明天”是什么意思？“周末”又是什么意思？我不管！我现在就要！马上拿到手才是真的！

现在他能听懂了，就变得很听话，很懂道理。可是，这是因为我有耐心吗？如果火娃会看朋友圈，他应该会扯起嘴角吧。

那么为啥火娃还算听话呢？为啥火娃懂道理呢？那是因为他太了解我了，他知道我可是没有什么耐心的人！以至于有一天，朋友 K 看到一张截图，说的是加拿大联邦政府“教你如何打孩子”，马上就发给了我。

里面有几条“殴打”的规矩我记得当时引发了我俩热情洋溢的讨论：

（1）2 岁以下的儿童绝对不能打，超过 12 岁的儿童也不能打，也就是说只有 2 岁到 12 岁的儿童可以打。因为 2 岁以下的孩子太小，不会从体罚中明白什么道理，而 12 岁以上的孩子完全有比体罚更好的教育方式。

——我记得当时我的第一反应就是："我们赶紧的，没有几年好打了。"她则说："不要担心，毕竟这是加拿大的规定。"

（2）关于体罚部位和方法：绝对不能打孩子的颈部或头部，只能打孩子的屁股；不能使用皮带、鞋子或衣架等任何物件抽打，而只能用手打；打屁股时必须五指分开，不能有角度，不能打出任何印记或瘀伤。

——我觉得其实除了屁股，手板心打起来也很顺手啊，而且因为有面对面的目光接触，"啪"的一声响起的感觉也是不输打屁股的威慑力的。至于头……我是真打过，万幸我身在中国，不然牢饭都吃了好久了。

（3）体罚的原因必须是为了更好地教育孩子，并非发泄愤怒或不满，而且体罚不能对孩子的身体造成持久伤害，不能是非人道或是有侮辱性的。

——朋友认为其实对于情绪不容易冷静的孩子来讲，打未必不是一种很好的帮助。"有时候小 S 发脾气他自己都控制不住，我打他一下他才会安静下来。"火娃也是，每当他全面开始手部刺激动作，加上满嘴胡言乱语时，我就知道他脑子里现在基本等同于几千匹马呼啸而过了，这时不管我说啥都插不进去。有时候我会放任他，因为他也有很需要痛快地自言自语的时候。但是如果当时我们正在上课，那不好意思啊宝宝，你妈要给你一巴掌了。"啪"的一下下去，他就立马一激灵，问他："醒了没？"他会眨巴眨巴眼睛，坐端正，乖乖地说："醒了。"

人家是真的被打醒了。我们真的不是在一本正经地胡说八道啊。

其实，如果父母是爱孩子的，打孩子本身是完全不会给孩子带来任何心理阴影的。不管什么样的孩子，都有特别灵性的一面，他们的本能就可以判断父母的行为背后代表什么。

孩子痛恨的、念念不忘的，是你不爱我，你还打我。

我舅舅直到 60 多岁癌症去世，都没能原谅我外公。因为在我舅舅念小学的时候，有同学诬陷他偷了笔，但他明明没有偷。外公当时应该也是人生很艰难的时候吧，根本听不进任何话，把舅舅一顿暴打，据说打到两个月才下床。可想而知那是多么严重的伤。那时营养又缺，父母又忙，他躺在床上两个月，我都不敢代入那时小小的他，心里到底有多么悲伤和绝望。

那一顿打，让舅舅的心停在了小时候。他疼了一辈子。这不是打得狠不狠的问题，不能简单地换成“只是打了几巴掌”就没事了，因为这是一个父亲选择根本不相信自己儿子的问题。

我觉得，打孩子这件事情本身是温和的、中性的，它是好还是不好，只在于打的人带着什么样的意识去做。

首先，不得带着太多余的情绪，不然你疾风暴雨一顿怒骂加暴揍，他们领会到的只是你的情绪，他们会觉得你在乱发脾气。这时他们甚至会想：“哦，我应该没有错，只是我妈这时想发脾气罢了。”确实也有很多时候，只是大人心情烦躁想打人，孩子刚好就成了那个出气筒吧。

你可以打，你的语气可以很严厉，也可以很冷静，但总归是要让他们很清楚地知道，他们到底做错了什么，为什么这样做是错的。父母不能陷入自己的情绪，被情绪拉着走。

我当然是犯过这样的错误才知道这样乱发脾气是没用的。比如，火娃自从来了大理，在广阔的田野上尿过几泡野尿，就觉得这样是理所当然的了。那真是跟小狗一样，看见一棵树就想上去尿一泡。而大理朋友们的院子里，总是有草有树的……

有一次，他趁着我们大人在聊天，光天化日之下就开始欢天喜地地尿尿了。我一下子火就上来了，几巴掌把屁股打红不说，哭也不准人家哭，就在那里大声对他叫："跟你说了多少次，你没长耳朵吗？！"

半点用都没有，下次照旧。过了一阵子，我突然意识到，我得先改变自己。于是，有一次他又要脱裤子的时候，我拉住他，很严肃地指着身后的路告诉他："你是大孩子了，在很多人面前尿尿是非常不礼貌的行为。以后在外面，如果你想尿尿了，要先问我可不可以。"

于是他问我："我可以尿尿吗？"

我说："不可以。因为现在有人经过，你可以坚持一下，憋到阿姨的客栈再去尿。"

他说："好。"然后一溜烟儿地跑了，跑到朋友的客栈里直接一头扎进了厕所。

此后，他时不时还是会忘记这件事，我当然是会打的，因为他不该明明知道是错的还要做。不过，往往是我的巴掌还没下去，他就赶紧道歉："我错了。尿尿应该去厕所！"

如果野外真的没有厕所，我会教他，先看看四周有没有人，或者选择的那棵树、那丛草后，还有没有人能看到。有人看到就不行。

小孩子是很知道对错的，有的时候他们完全知道自己的行为该不该被惩罚，如果没有惩罚，他们会觉得自己遵守的规则变混乱了；有的时候他们不完全知道，他们需要大人帮助他们建立规则。总之，适时适当的惩罚，其实是会让他们很安心的。

当然，前文已经说过，有时候孩子的行为是在跟大人说其他的话。大人需要带着更多的理解。如果我发现，他当众尿尿只是为了引起我的注意，觉得被我忽略了，我会帮他说出他真正想说的话："如果你是想让妈妈陪你玩，你需要直接来跟我说：'妈妈，陪我一起玩。'但是这样尿尿，绝对不可以。"

其次，一定要就事论事，当下解决当下的问题。有时候孩子的错明明是很小的，只是大人联想到了孩子以前犯过的错，就火气加倍。

比如，小孩在吃早饭的时候，要了一个大的馒头，但是又吃不完，偷偷把它扔到了桌子底下。这只是一件很小的事，只需要告诉他们，实在吃不完要跟大人说，而且以后一点儿一点儿地拿就好了。但如果你突然想到，昨天晚上这个家伙也是，盛了一大碗饭，最后吃不完偷偷倒进了厕所里；昨天中午也是，盛了一大碗汤喝不完居然直接倒进了你的碗里……又想到这个孩子怎么总是让人这么不省心，我为他付出了那么多他怎么一点儿长进都没有！接着就是我为什么要结婚，我为什么要生下他！！！

你越想越气，昨天忍着没有发的火，跟老公吵架没吵赢的火，加上今天的起床气一起发作了。你不仅打了他，说不定还忍不住自己先哭了，觉得自己的人生好可怜。

这时候孩子会蒙的，他们根本不知道你有那么多翻江倒海的内心戏！

他们会想："这是怎么了？我只是丢了半个馒头而已啊……"

还有，大人要有大人的样子，打错了的时候，要诚恳地道歉。

记得有一次，火娃捏死了一只螳螂。其实，我小时候也会虐待小动物，我会和小伙伴一起，把从家里找出的粉红色的小老鼠放到烈日下的水泥地上暴晒，看着它们爬也爬不动地死掉；还会把我妈扔掉的废旧注射器和过期药品捡回来，给药品像模像样地灌上水，摇一摇，再用注射器吸出来，打到小青蛙的肚子里，打到胀鼓鼓的，最后青蛙当然也就那样死掉了。

如果那时候我被敏感的大人关注了，应该也会被戴上"残忍""以后要走歪门邪道"的大帽子吧。但其实本质原因只是我的童年实在很压抑，我在借这种残忍的玩法来释放自己的情绪，而且玩过了之后，就再也没有兴趣了，也会渐渐知道这样做是不对的。

可是火娃在做这些事情的时候，没有我那么好的运气。我小时候父母是不管我的，但他不一样，我双目炯炯地看着他。而且，他已经玩死过很多小昆虫了。

我在那个死螳螂身上，加了很多很多死去的小动物的无辜冤魂……于是我打了他的头。他下意识地一躲，没注意我就把他的耳朵刮了一下，应该是很疼很疼，他疼得捂住耳朵哭了起来。于是，我赶紧给他道歉，检查他的耳朵，等他不疼了的时候，跟他好好聊了一下。"对不起，我不应该这样打你。你可以原谅我吗？"

他有些伤心，但还是说："可以。"

"谢谢你原谅我。但是，我要告诉你，当你在捏那只螳螂的时候，它也是和你一样疼的。它也有耳朵，有眼睛，有身体，有脚。它也有妈妈哦。它和我们人是一样的。妈妈不希望你去伤害小动物。”

他没说话。

“现在我们一起去把它埋起来，你也给螳螂道歉好不好？”我又接着说。

于是，那天他诚恳地对着那个死螳螂说：“对不起，我错了，请你原谅我。”

当然，如果他们从此以后就真的完全不想伤害小动物，那就是大人太理想主义了。他们毕竟只是小孩，需要很多重复的经验。但是至少，当火娃控制不住自己的力道真的伤害到它们的时候，他会马上告诉我：“不能这样做，瓢虫也会疼的。”你看，他已经知道了。

而在他和小昆虫玩的时候，我尽管会担心，但再也没有说过一句“不准弄死”，因为这是一种增强、一种提醒。我每次都只是轻描淡写地说：“你在和小昆虫玩呀？它有很美丽的翅膀，也许它正要去找它的妈妈，你要照顾好它哦。”“你可以和它玩，但是等一下记得把它送回家哦。”

他真的就会好好和它玩，要走的时候，会把它放在手心里，找到一片树叶，小心地放上去，然后跟它说再见。最后，我发现，随着他一天天长大，真的已经不需要那么多体罚了，写这篇文章的时候我想起我已经很久没有打过他了。

不管是怎样类型的孩子，他们都会在自己的轨道上一天天长大，这样慢慢地，他们就会长到加拿大联邦政府所说的“完全有比体罚更好的教育方式”的 12 岁了。

在这个过程中，大人也一起长大就好。

爱好真的可以培养吗

火娃最近的新爱好之一是捡铁丝。好铁丝一概不要，只捡曾经被人拧过，然后又剪开的那种弯弯绕的铁丝。那些破烂玩意儿在他眼里，要么都是好东西，要么随便捏一捏、改一改造型，也都是好东西：螃蟹、乌龟、章鱼、海马、竹节虫……

我们逛街，他在捡铁丝；我们聊天，他在捡铁丝；我们爬山，他在捡铁丝；我们聚会，他还是在捡铁丝……

有一天，朋友来家里吃饭待到比较晚，我们在天台上聊天喝茶，他在一边滑冰。我家的天台只有三分之一有灯光，他居然在那么黑漆漆的夜里，不知道从哪儿捡到一小团生锈的细铁丝，兴奋地告诉我们："一只章鱼！"

不说不觉得，一说还真是像得很。朋友第一反应是感叹："小弟，你这眼神儿也实在是太好了。"然后很认真地问我："你说在火娃的眼里，是不是所有的铁丝都是自带光的？眼睛一睁开，精准扫描，一坨都跑不掉。"

带不带光我不知道，精准扫描我是相信的，以前那个"扫描仪"只能扫出各种凭我们的肉眼根本看不见的小动物，还必须得是活的。现在多了个选项，没有生命体征的废铁丝也在数据库里面了，算不算一大进步？不想了，不想了，当务之急是赶紧点开淘宝给他买两捆铁丝，自己想拧出个啥就拧吧。

除了捡铁丝，火娃现在还有一个新爱好是用小积木拼装车，那叫一个沉迷。在家我都不敢给他，我全放在教室里，下课和午休的时候才可以玩儿，于是每堂课的效率都好高啊。

以前家里都是大颗粒的积木，他是不怎么玩的，我也就一直没有什么动力去给他买乐高。因为我太了解他了，这个人在“我要玩儿什么”这件事上极度有主见，他才不会给你机会让你去帮他培养爱好呢。

如果语言能力够强，他应该会很不屑地说：“不好意思，你们大人觉得爱好是可以培养的吗？好自以为是啊，如果你觉得你可以培养一个小孩的爱好，那恭喜你，你只是恰好有一个机会，发现了我潜在的爱好是什么。”嗯，我的 2400 元钢琴课学费，就是这样白白打了水漂的。

有一天，去朋友家，他突然翻出人家的一小箱乐高，如获至宝，像模像样地自己拼了一晚上，有楼，有加油站，有花坛，还拿了一辆小卡车停进两个花坛之间。我这才知道，原来他不是不玩积木，是不喜欢玩大颗粒的积木。

于是我赶紧从淘宝上买了一堆小颗粒积木，是各种警用车。才拿出一个给他，目前已经玩了半个多月了。而且随时都能让我吓一跳，就那么二三十个小零件，一小袋，原来却可以这样拼一个样，那样拼又是一个样……难以想象，我这种立体几何可以轻松考满分的数学课代表、应试教育下的学霸，玩儿起这种空间想象的游戏来，却基本等同于一个废人。

在很多方面，我是只配站在路边给火娃鼓掌的人。或者说，我们俩的搭配就是这么奇怪：我会的他全都不会，而他会的我也全都不会。有时候我根本不知道，是他天性就是这样不务正业，还是我读书读傻了。因为我是真的只会读书不会玩儿，所以这些年来，是火娃一直在给我不断创造发现他爱好的机会，是他在一步步告诉我：妈，我看起来很会玩儿这个！你要不要给我拓展一下?

一岁多时，他捏泥巴的能力已经让我望尘莫及。我不知道原来可以随手裹一裹、捏一捏，就是一个小蜗牛；我不知道随便捏一坨，插上一根小绿枝就是一个胡萝卜。我只会搓汤圆……那些年家里消耗最大的除了玩具车就是彩泥了，一年几十罐地买。

那时他还在走写实的路线，追求的是“特别像真的”，现在开始走怪里怪气的路子，我已经有些看不懂了。比如，以前做个螃蟹，那是可以让别人一眼就看得出来“这是螃蟹”的；现在捏螃蟹，是薄薄一整片，只有两只螯勉强能辨认。

我头疼地问：“你做的这个是啥？”

他说：“螃蟹。”

“螃蟹……怎么这么扁？它怎么了？”

“死了。”

“天哪，死得好惨的样子，它是怎么死的？”

“被车轧死的。”

哦……怪不得这么扁，已经连螃蟹的妈妈都不认识它了。

说实在的，我真的是一个很傻又懒、玩乐神经极度不发达的妈。我觉得他自己一个人玩儿得那么开心，那就自己玩儿吧。我以前根本不知道要想办法从他的爱好出发，去拓展他。

比如，后来他迷上了小动物，特别是昆虫和水生动物，迷了几年，我都那样随便他玩儿，没管他。后来，我的朋友J听说这件事，马上就送给他一个昆虫观察器……

我收到的时候觉得好羞愧啊，怎么人人都比我有悟性呢？于是周末我赶紧带着那个昆虫观察器陪他一起去野外找虫子，并网购了一大堆有关昆虫的书给他。在野外捉到小昆虫，我们会带回去，或者拍一个小视频，回家对照着书来看，它是什么，它有些什么习性。

对了，这个教了很多年却怎么都学不会数数的人，我就是通过数水生动物和昆虫让他渐渐有了点儿数的概念。这个8岁多还只知道瞎玩儿、大字都不识一个的人，在很短的时间内就认识了一群动物的名字：螃蟹、龙虾、蝎子、青蛙……

轮滑、滑板那些事儿，就更是我搞不懂的了。有一个和我一样根本不敢站上滑板的傻大个儿朋友还问过我：“这娃的平衡能力到底哪儿来的啊？怎么能就这么自己会了呢？”

当了他这么多年的妈，我也不知道啊。

有一个除了念书啥也不会玩儿的妈就是有这种好处，看啥都觉得：哎哟，你好厉害啊！所以，他是来补我的缺陷的。

很多人可能会觉得，即便有那么多的爱好，但是一样都不精，一样都不足以出人头地。那又怎么样呢？我觉得，我们发现爱好，最重要的一个目的，就是用爱好的“爱”字去对抗人世的虚无。至于这个“爱”字，到底是入门级别的，还是高阶的，都不重要。爱得开心最重要。

我年近 40 岁了，这些年做记者，见了那么多的人，听了那么多人的故事，我深刻地明白，身为一个普通人，是否能够在 35 岁以后还活得比较洒脱、愉悦，不是取决于你有多么成功，而是取决于你还具不具备发现生活的美的能力，你还能不能对很多新鲜的事物保持好奇心，你对人间还有没有“活着真是太好玩了”的感受。

人生短短几十年，相比成为一个特别成功、拥有“拿得出手”的技能的人，我更希望火娃成为一个随时随地都能发现这个世界的精彩，能够很享受活在人间的乐趣，内心充满喜乐、安宁、憧憬和好奇心的孩子。而且，有时候我会觉得我的懒，真的并不是一无是处的，我真的不是给自己辩解。

在火娃刚刚学会野生轮滑的时候，我曾经想过给他找一个轮滑老师——那时他还不会转弯，也没法滑很快，不会刹车，更加不会玩花式。可是火娃保持着一贯的“我不想有人来教我”的冷酷，即便是在这个我以为他如此喜欢，应该可以让老师来介入的领域。那位老师似乎也并没有和他产生好的连接的可能性——看得出来，他对这样的孩子有本能的恐惧，他没有信心。火娃敏锐地感知到了这一点，所以并不喜欢他。他甚至在接下来的好多天，都不愿意再碰轮滑。

我敏锐地察觉到这个危险的讯号：我看起来为他好的事情，说不定恰恰是在抹杀他的兴趣。于是，我火速放弃了，在那段时间很谨慎地不再和他提起轮滑的事情。估计是确认我已经放弃了要给他找个老师的念头吧，过了一段时间，他又开始一个人在天台上开心地练习了。

这一次我发现，当我完全不介入，让他自己充分去享受这个过程时，一天天的，他很自然地就知道了如何潇洒地转弯、如何让自己滑得飞快、如何轻松地避障，还有如何滑出炫酷的“8”字。

所以我想，很多时候，不是孩子不会，而是大人太急迫，没有给他们足够的时间，让他们自己去体验、去琢磨、去精进。是我们在抹杀他们的兴趣，是我们没有耐心。我们不断在教孩子学会等待，然而我们自己都没有学会等待。我们使尽浑身解数去培养孩子的信心，但是恰恰是我们自己，对他们缺乏信心。

一定要相信孩子，他们远远比大人有成就欲。

很多成人已经完全接受了自己的局限，与浑身的束缚达成了妥协——兴趣变得越来越狭窄，开始故步自封，逐渐失去了学习的能力。我们很多人已经完全放弃了成长，年纪轻轻便已经随波逐流，觉得自己的人生就是这个样子了，还能怎么样呢?

只有孩子不会放过任何一个长大的机会。

没有哪个孩子是不爱学习的

在火娃 8 岁以前，我眼里的他是一个完全不爱学习的人。而且，是个对学习一点儿悟性都没有的人。反正你懂的，就是……智商很低啦。他长到 8 岁都学不会点数，也不会拿笔，是大字不识一个的文盲。

1 岁多时，他可以看书看两个小时，拉着家里能拉到的每一个人来给他读书，指着这儿那儿让你给他讲，翻来覆去地讲。每本书都被他翻破，每一页他都知道说的是什么，所有的动植物都认识，还拿着个水果形状的发声机器自学了很多水果的英文念法。那是他热爱学习的巅峰状态，他的很多认知都是在那个时间段建立起来的。

可能是觉得自己的学识已经太渊博了，所以后来他就干脆吃起了老本儿。吃老本儿是个什么状态呢？是每当你翻开一本书要和他一起看时，他总是拿手撑着头，眨巴着无辜的双眼，非常恬不知耻地说：

"不想看。"

"想睡觉。"

"想出去玩。"

"想吃点儿东西。"

…………

我完全拿他没办法……

我去给他办护照的时候，被几个工作人员轮番追着索要亲笔签名，“7岁以上都需要签字了”。于是我得每个柜台悄声解释一遍：“不好意思啊，他的手腕有点问题，没有办法用笔。”这个孩子对人家说他是“自闭症”非常不开心，听觉也特别灵敏。我要是当着那么多人的面掀开他的面纱，他绝对会一笔笔都给我记在心里。天蝎座很记仇的。

可是这个理由似乎不能被完全接受，当我以为全部都搞定了的时候，回家又接到了一个最终确认电话：“看到您孩子的护照申请信息，没有亲笔签名的原因不是很清楚，请问到底是因为什么呢？”

我为给公务员们增加了这么多的工作量感到非常羞愧，赶紧道歉，并直接说明：“他有自闭症，还没有学会用笔。”

结果对方比我更羞愧地连声给我道歉：“对不起，对不起，因为写得不清楚，我才想再来确认一下。”

“不不不，是我对不起，因为当时人太多，也不好当着孩子的面说得太详细。”

“好的，好的，实在对不起了。”

“没关系，没关系，给你们添麻烦了。”

…………

放下电话我还想过，要不要去趟派出所，给他改名叫“戈一”？是不是改了这个名字，他这辈子学会亲笔签名的概率要大一些？

可是，那时候教他写个最简单的“1”，都可以把人气死——不管给他限定一个多大的框，他都能一笔捅破天、捅破地，一个巨大的“1”写得就像个顶天立地的套马汉子一样，还可以一边写一边中气十足地大声念出来：“1！！！”

有一次，我跟芭芭拉聊到火娃的“不爱学习”，她很肯定地告诉我：“不，我没有见到过哪个孩子是不爱学习的。他肯定爱学习，只是你没有教他他想学的东西，或者你教他的方法不对。”

芭芭拉70多岁了，她生在康复村，长在康复村。小时候，特殊儿童就是她的邻居、玩伴，她这一生一直在和不同年龄段的特殊人士一起工作，她太了解他们了。所以，我知道她说的是对的。

可是我们成人的归因就是这样无赖，好的都归自己，坏的都归别人。所以，我心里想的是：是我的原因才怪！这肯定是他的原因，他就是一个不！爱！学！习！的！小！孩！

我本来准备就这样随他去了。我告诉自己：“不学拉倒吧，你就先玩儿你的泥巴、轮滑、积木和水吧，我看你啥时候玩儿厌。我等着你良心发现。”

后来，我做了火娃一个人的老师，每天带着他上学。我准备了两个小铃铛，敲三下就是上课。每次我还没开口，他就欢快地跑过来：“当当当！上课啦！”

我觉得时机已经到了。他一副这么爱学习的样子，那我们就来好好把这个问题解决了吧。我仔细想了想，觉得其实他的很多学习障碍，一是因为没有边界意识，二是我的方法让他没有兴趣。

比如，给他一条虚线，让他连成一条直线，他是不懂的：我为啥要连虚线呢？这个点点你说是虚线，但是我听不懂啊。听懂了我也不想干啊，非让干那我就瞎画一下吧，你生气了，不让我干了，那不正好？

还比如，那个框框的问题，我问他框框看见了吗？他说看见了，可是他控制不了自己的手，他也根本搞不懂，不写出框框，到底是啥意思。他会觉得：我就写出来了，你又能把我怎么样呢？我让他画个圆，他就只会拿着笔漫无目的地转圈。没有一个圈是封口的……

我没有调动起他的兴趣，我让他做的事情，不足以让他把自我意识集中在他的眼耳口鼻上。

第一个突破口，是通过他最爱的彩泥打开的。

我教他认识“田”字，没有写出来指着教他，而是写了一个大大的“田”，让他拿着绿色的泥巴，搓成一条条的，沿着那个线来贴。他抗拒笔，那就干脆不用了。贴完了我们还讨论了一下，田里到底可以长些什么植物呢？田里面还可以养活什么动物呢？

他那天把他毕生所学的动植物的名字都说出来了，而且极其深刻地记得了这个字就是“田”。那是我第一次认真教他认字，那是他人生中学会的第一个字。

我也是第一次知道芭芭拉说过的“你教他的方法不对”是什么意思。同样是让他“沿着线”确立边界，拿笔不行，拿彩泥就完全没有一点儿障碍啊！

他学会的第二个字是“石”。这次我没有用彩泥，我用了他同样很喜爱的小石头，两个人在教室的地板上盘腿坐下，我先用粉笔写了一个“石”，他就拿着一堆小石头，欢快地一颗一颗地给它拼好了，从此再也没有忘记过这个字是“石”。而且他还自动学会了迁移，不管谁用什么字体写，不管写在哪里，都能认识。

我是真的震惊了。身为一个学霸，我向来不知道什么叫“因材施教”，我觉得一个人要是学不会就是他蠢嘛……结果生了一个火娃给我啪啪打脸，而且看起来是要用一辈子的时间来告诉我：妈呀，每个人是不一样的，你可得活到老学到老呀。

关键是经过了几天的摆彩泥之后，他就不再需要这个玩意儿了。我从淘宝上买了一套象形字的字卡，他觉得那个实在太有趣了——水是水的样子，火就真的是烧起来的火呢，伞居然那么像一把伞，飞就真的有翅膀哇！

我们还每学一个生活中的常用字，都会延伸讨论一下。比如，水里都有哪些动物呢，水有哪些形态呢，火有哪些用途呢，什么东西会飞呢……全都是他知道而且特别感兴趣的。

有一天，他和我爸去遛弯儿，发现有一块大石头上写着店名“火山石”，三个字他居然全认识，我爸说他那个得意的样子啊，别提了。

嗯，我懂他。当跨越了这个“0—1”的障碍之后，死记硬背一些特别难的字，比如螃蟹，他也不抵触了。因为跨越了之后他已经知道，学认字是一件挺好玩儿也挺有成就感的事情。他对自己有了信心。

其实，自闭症孩子从小就知道，自己和别人不一样，自己在很多方面比别人差。这种认知让他们的自信心从小就特别匮乏。这也是我为什么一定要想方设法让火娃跨越这个障碍的原因——我清楚地知道，以他的能力配置，他穷其一生都不可能像我当年一样，走应试教育的学霸路线。换句话说我根本就不指望他能学出个啥名堂来，那些对我来说一点儿都不重要。

在我心里，最重要的是：我要让他知道，有些他认为特别特别难的事，其实没有那么难。

我再怎么鼓励他“你可以的”，都没有用，就像有谁对我说“你一定会发大财的”，我怎么可能相信呢？这根本就是不可能的嘛。我要让他自己知道：“其实我可以的。”我要一点儿一点儿重建他对自己的信心。

更神奇的事情就从用彩泥贴“田”字开始，接二连三地来了。我曾经在一次淘宝打折时，给他买了一套描红本，就是用水笔写上去，会慢慢褪色，可以反复使用的那种。但是，它在柜子里待了好几个月，我也没拿出来，因为我知道他不会用。有一天，他在我房间里玩儿，在我收拾柜子的时候，他突然就看见了这个东西，并对它表现出有一点儿兴趣的样子。我让他摸了摸那些凹槽，说：“这个笔非常神奇，沿着这些凹槽就可以写出一样的字，但是过一会儿，它们就不见啦！你想试试吗？很好玩儿哦。”

“想试试。”

那是最简单的数字本。其实即便这么简单，我也一点儿都没抱希望，他可是不管多大的框都能给捅破的人哪！两厘米都不到的凹槽，哪里可以控制他？！而且还要用他最痛恨的“笔”！

结果，他又打我脸了。人家用非常标准的姿势拿起了笔，非常认真地沿着凹槽写下了标准得不得了的一个“1”。从此，沉迷用笔而无法自拔的阶段就这样开始了。我每天轮番给他不同的描红本，写数字的、写拼音的、画简笔画的……他都很愉快地描啊描，我也不管他认不认识。

对我来说，他知不知道自己在写什么，不重要。让他知道，掌握边界、用自己的意志去控制自己的身体没有那么难，这个比较重要。让他知道，拿笔写出东西，是一件很好玩儿的事，这个更重要。

有一天，我灵光乍现，突然很想试试在他好像已经能认识到边界是什么的时候，还会不会把“1”写出框外呢？

于是我在黑板上画了一个九宫格，问他能不能拿粉笔在每个格子里写上“1”。结果，他一点儿都没出框，每个“1”都好好地写在框里。

我把框变得更小一点儿、再小一点儿，他也完成了。似乎那是一件天底下最自然不过的事情，而不是他那么多年都无法跨越的障碍。我捏着他的下巴，把他的脸扭过来，看着他的眼睛，问：“你怎么这么厉害？你会写啦？！”

他一边很酷地把下巴从我的手里扯出来，一边满脸不耐烦地叫：“会写啦！会写啦！”

对着黑板继续写的时候，他却绷不住，咯咯咯地笑得停不下来。这件事给我的触动非常大，毫不夸张地说，大到要开始反思人生的地步。因为从无法在框内写“1”，到最终能够自然地在框内写“1”，这是一个圆。而这个圆的开头和结尾，不是直接起作用的。从整体来看，一开始，甚至是完全放弃了终点，和终点背道而驰的。

我在想，如果我从来没有思考过无法在框内写“1”的背后的本质困难，没有通过其他渠道去帮他跨越这个困难，我强迫他一直和一支笔，还有一个框框里的“1”死磕，那么，也许他最终还是学不会，强烈的挫败感会让他失去学习的动力。估计连筷子都不想用了吧，因为太像笔了。而且，我们都会对彼此产生巨大的失望。应该早就绝交了吧？

我和火娃一起经历的这个圆告诉我：不管遇到什么样的困难，“固执”“死磕”，都不是一个聪明的办法。直面困难的意思，并不是要去直接硬碰硬、钻牛角尖，它只是需要你保持一种坦然、接纳、不惧怕、不躲闪的心理素质，然后找到另一种方法“曲线救国”。

就像一个人遭遇背叛，你想不通，你苦苦追问，只会带来更多的伤害和对自我的不认同。而如果你选择想不通的先不去想，把它当成一个沉重的行李，好好地打包放在那里，去做其他的事情，比如跳个槽，发现新的工作和同事居然这么有趣，比如去旅个行，发现世界这么大，你可能突然回过头来就发现，那一点儿悲伤根本没有什么大不了的。

我一直都记得多年前一位女读者给我写过的信，她在失恋之后选择去国外徒步。她在信里说：“当我在起雾的森林里看见麋鹿静静地走过，我知道有些悲伤的小情绪确实不值得留存太久。”

在无情的现实面前，妥协、迂回的精神可能是一种更可贵的品质。我们要学会跳脱出去，才不会被这无情的现实无情地捆住。

谢谢你啊火娃，谢谢你教会我如此宝贵的人生经验。

担心是一种可怕的负能量

写这篇文章的今天，发生了两件小事。

首先是午饭的时候，火娃试图拿一根筷子戳进一截玉米的芯里，这截玉米好像有些顽强的样子，他戳了一下没戳动。我爸赶紧伸出手去，说：“拿来，我帮你。”

我当然是马上制止，说：“让他自己来，他可以的。”

可是我爸不依，他说：“他戳不进去，这样很容易戳到手的。”

我当即有些火起，因为这样的事情不是一次两次了，是很多很多很多次。就在刚刚准备吃饭的时候，火娃明明需要去拿自己的碗——我们家是早早就定下规矩的，吃饭的时候每个人自己去拿自己的碗筷，自己盛饭。火娃已经做得很好了，可是我爸非要跑到碗架那里给他拿碗，被我制止过一次，却还不离开，还要守在碗架那里，指着一个碗说：“你拿这个。”

那时我已经有些生气了，现在又接着来第二次。怎么同样的话需要说那么多次，而且一点儿进步都没有呢？于是，我几乎是严厉地说：“他可以的。即便他不可以，他也会自己来求助。什么都帮他做好，你看他到底还能学会什么？”

说完了我又觉得，当着孩子的面去争论，这样不好。默默地告诉自己，下一次，火再大也要记得好好说话。还好火娃一副根本就不管你们在说啥的样子，他认真地一遍一遍去戳，实在戳不动又忍不住想吃的时候，就先拿着啃几口解馋，然后接着戳。最后，他终于戳好了，开心地举着那截玉米说："好大一个棒棒糖！"

我妈则是个非常热爱学习的人，尽管有时候也会犯照顾过头的病，但只要我一个眼神，她就了然并反省：对对对，我错了。在我妈那里，我甚至不需要告诉她要如何做才是对的，我的示范她都能完全接收。

第二件小事就是关于我的示范。

那天外面下着雨，火娃还是有点想去天台，于是他跑上去，一会儿就湿淋淋地跑下来了。

我妈刚要起身，我在她还没来得及说话的时候，赶紧迎上去站到火娃面前，笑着说："哇！你好像一个落汤鸡哦！你去淋雨了吗？"

看到我的表情，火娃就从最开始的略显紧张到一下子放松下来。他满脸笑地大声回答："是！淋雨啦！"

"淋雨好玩儿吗？"

"好玩儿！"

我摸摸他的头："你的头发全打湿啦！"然后又指着他的裤子引导，"还有……"

他马上接话："裤子也打湿啦！"

"是什么感觉呀？"我摆出一副很期待、很想知道的样子。

他轻轻地摇晃了一下头，像是在好好体会头皮的感觉，最后终于找到词语："凉凉的！"

"哦，原来是凉凉的呀，谢谢你跟我分享！快去擦擦吧，去找外婆。"

他蹦蹦跳跳地跑到外婆面前，献宝一样说："外婆，我的头发打湿啦！"于是我妈带着他去拿干净的毛巾。

如果我没有迎上前去，我很清楚我妈要说什么，肯定是"怎么下雨了还上天台，你这样会感冒的！"之类的。

可是，在我看来，这是根本不值得担心的事情。毕竟，火娃根本没有蠢到要一直淋雨，直到把自己淋感冒的地步。而且，我相信，一个心情愉悦、身体健康的孩子，是不会因为淋了一点儿雨、吹了一点儿风、光脚踩在地上受了一点儿寒、流了汗没有及时擦或者少穿了一件衣服……就生病的。

即便真的生病，那也是一种体验，身体会自我疗愈。大多数时候，我们大人的担心显得太多了。有时候，我们的担心是在传播一种可怕的负能量，说是"诅咒"也不为过。

在这两件小事里，我爸的担心其实就是在跟火娃说："你很无能，你不行，你连拿筷子戳一根玉米都做不到。"我妈的担心则在传递："你的身体很虚弱，你是一个不健康的孩子，你甚至没有资格去体验雨水落在脸上的感觉。"

火娃长久以来的自卑心，就是这样日复一日在家庭和机构里被过度担忧、过度照顾、过度管束、过度训练造成的。那是我后悔已经无用的事。我只能告诉自己，往事不可追，一切都要以他的当下为起点重新出发。

辞职来到大理陪伴他生活后，我最想做的事，就是一点点重建他的信心。我要在每个生活的细节中潜移默化地告诉他：“你可以，你比你自己以为的还要厉害很多呢。”

记得有一次，朋友来家里玩，不一会儿她就举着一把水果刀从天台上跑下来，大声对我说：“天哪！你天台的桌子上居然有一把刀！”

我很蒙，说：“这是火娃的刀，人家放在那里，你干吗要拿走？”

用刀，可能在很多家庭里，是大人觉得到了一定的年龄，要正式作为一项任务来训练的。

可是在我们家里，刀就是一个可以随时使用的普通工具。切菜的刀就挂在厨房的墙上，水果刀就插在桌子上的刀筒里。

火娃从很小的时候就开始用刀了，一开始是他自己不敢用真的刀，他用玩具刀。大概到 2 岁，他觉得自己可以控制自己的手了，就开始用真的小刀来切菜、切水果玩儿。

印象中，他很小心，因为用刀而受伤的次数应该没有超过 3 次吧。即便真的受伤，大人也根本不用大惊小怪好不好？真的，多大点儿事……我甚至感觉其实他是很不介意受一点儿小伤的，因为他会忍着疼，带着一点点的小欣喜跑过来找我：“我受伤了！拿个创可贴来！”

现在，他每次到我的工作室，就会帮我检查刀是不是收拾好了——我总是把裁纸刀打开，然后不关上，他会帮我收起来。

从他出生开始，我们家就没有为他做什么变动。热水瓶没有刻意放在他拿不到的地方，桌子的尖角没有包裹过，插头的孔没有被堵上。就这样，他从小的安全意识反而特别强，喝过一次烫嘴的水，自然就会知道同样装着热水的瓶子是不能碰的；在尖角上蹭过一次，就知道奔跑的时候要小心，不要撞到桌子；外婆教他插头里面是“电老虎”，碰了就会死，他就再也不敢动了，每次要他帮忙插插头，他都小心得不能再小心。

因为这个世界上不是只有家庭。被过度掩护起来的家庭，不是真实的世界。真实的世界充满了很多的危险，不让孩子去自然面对，其实戳中的是活在习惯性担忧中的大人。

我们如何让孩子去适应这个世界呢？难道要每到一个地方，都先巡视一遍，先排除任何可能的危险吗？那样，我们会越来越难把孩子带出门去，比如，来我们家就很危险，因为你不知道火娃会暂时把他的刀放在哪里。

不管对大人还是孩子来说，这样活着都太紧绷、太辛苦了。

那位看见刀就大呼小叫的朋友，还做过一件让我瞠目结舌的事。一起带孩子旅行时，我们住在同一间屋子里。进门后，她做的第一件事，居然是开始推沙发——把沙发推到床边。

我奇怪地问：“你推沙发干吗？”

“挡住，我怕他半夜睡着了掉下来。”

我当时真的是惊诧莫名，因为她的孩子已经快10岁了，而且是个身体非常强壮，各方面能力也非常好的男孩子。

这个要挡着床的动作，我一直以为孩子一旦超过2岁就不需要做了。因为火娃即便掉到床下，也会迷迷糊糊自己爬起来继续睡，如果是裹着被子掉下去，甚至可以在地上继续睡。有时候他在床上玩着玩着掉下床，我们会哈哈大笑，笑到他也不好意思地跟着哈哈大笑。

我不想过度保护他，我不想让他下意识地感到自卑：都是因为我很没用吧，所以你才要这样保护我。这是一个己所不欲勿施于人的道理。

我想，每个成人，都不希望别人为自己担心太多吧？所以才会总是对父母“报喜不报忧”，因为我们都知道，父母的担心会对我们产生多大的心理负担，明明知道那是爱的一种表达方式，可就是会觉得，他们的担忧，其实是对自己的一种不信任——不相信你能处理你面对的事业上的挫折，也不相信你有能力去解决婚姻中和另一半的矛盾，甚至不相信你身为一个成人，能把自己喂饱，能把家里打扫干净，能自己加减衣服。总之，你会觉得，担心是因为他们根本不相信你是一个面对问题有能力去解决的人。

担心同时也是一种控制。没有人愿意一直活在他人以照顾为名的监控下，特别是自我还不够强大的特殊孩子。过多地让他们成为我们大人的控制焦点，会让他们焦虑莫名。他们和所有的人一样，需要很多自己独立、安静的时间和空间。

这样反推回来，我们还有什么理由不去对自己的言行更有觉知？还有什么理由不学会控制自己的担心？

不要用担心去诅咒孩子，不要让他们觉得“我不能、我不行、我不会”。比那个更重要的，是一点儿一点儿教会他们面对问题和解决问题的能力，一点儿一点儿让他们有自信心，一点儿一点儿地练习去信任他们，然后一点儿一点儿地学会放手。

带领一个特殊孩子的“不担心、不诅咒”，反映在生活的每一个细节上。对我来说，是控制住自己的手和嘴巴，学会“安静地转头走开”。

扔给他一堆衣服，不管里面有没有需要翻过来的衣服，然后离开，万一穿出来时穿错了，那就脱下来，再指导他如何穿对。

他的小飞机落到了树上，拿不下来，沮丧得要哭。我看到了，可是他自己不求助，我就当作没看见，让他不管爬树也好，拿棍子去戳也好，先自己来。求助了？那我就教他爬树，教他去找棍子戳。

他在一楼门外的台阶上玩的时候（门口是一条小马路），或者是他在天台玩耍的时候，控制住自己时不时去看他有没有危险的欲望，因为我知道他已经有足够的安全意识了。

他在厨房里切菜的时候，强迫自己不要守在旁边，我要到水槽边去忙自己的事。

他拼积木的时候，我在一边看书也好，看手机也好，强制自己不抬头看他。等着他完成的时候，发现他比我手把手指导时拼得更有创意。

他爬上高高的石头，还要在石头上跳来跳去，我尽管心惊胆战，还是要强迫自己转过身去，告诉自己：摔下来也没关系，死不了，死不了，死不了！

在朋友家里玩时，我要和成人聊天，让他自己随便玩儿。有任何要求，我不管，自己去跟主人说，不管他表达得是否准确，只要他有本事能让人听懂就行，语言不就是用来沟通的吗？沟通才是目的，语法正不正确，此时并不重要。主人听不懂？去求助的话，我来教他再说一遍。

在上治疗教育课的时候，老师是这样说的："每当孩子独立地从开始到结束去完成一件事时，不管多小的事，都在帮助他们的自我更加进驻到自己的身体。"这才是大人学会控制自己的担心、学会放手最本质的意义吧。

没有“连接”的一切关系，都是虚无

这些年和很多妈妈聊天，很多次，聊过之后我都觉得好像哪里不对。

我们会聊到要让孩子有社交能力，好好地活在这个世界上；我们会聊到如何带领孩子做一些练习，帮助他们拥有这个能力；我们会聊到很多看起来很可行的技巧。但我始终觉得没有触碰到我内心隐约在思考的一个问题：所有的这一切，背后的逻辑到底是什么？直到我开始做一件看起来和这个没有关系的小事。

从前，火娃的米饭，都是我们帮他盛好的。所以吃饭的时候，时不时就会造成矛盾——他不想吃了，但是米饭还没有吃完，我们认为他能吃完，我们还告诉他：“粒粒皆辛苦哦，你要吃完。”可是他真的不想吃啊。

后来，我让他自己拿碗筷，自己盛饭。规则是：你能吃多少，你就盛多少。一开始他是完全不知道自己能吃多少的，他对“量”没有概念。但是试了几次之后，他就知道自己大概能吃多少了，也会知道“吃多少盛多少”的规则到底是什么意思。有时候，他盛了好大一碗，我都觉得他吃不完，可他坚持说可以吃得完，那我就让他盛，果然，他就真的吃完了。

其实，知道了“量”，只是一个表面的结果，背后本质的原因是：他已经和他自己的身体产生连接了。他知道，他碗里的米饭，是要成为他身体的一部分的。

连接，就是我想说的那个关键点。我需要带着他一起做的所有事情，我都希望他能通过它们，和自己的身心进一步产生连接。

所以，至少在眼下这个阶段，我不会让他去做跟他没有直接关系的事情。比如，吃完饭后收拾桌面，我只会让他收拾他自己的，我不会让他收拾我的。当然，让他收拾所有人的，他也会做，也会做得很好。但那是下一步，在为他人做一些力所能及的事之前，他需要做的是跟他自己直接相关的事情——在和大的世界产生好的连接之前，他需要从一蔬一饭的小事开始，让他自己和他身边的小世界产生好的连接。

切菜之前，我会问他想吃什么，如果他想吃青菜和豆腐，那好，他需要切的就是青菜和豆腐，这些材料请他切好，我煮好，端到桌子上。他会清楚地看到，吃到嘴里的是自己亲自动手处理过的食物。

在学校做清洁的时候，他负责擦拭的工作。我只会让他去做我们自己教室的工作，不会为了让他变成一个更讨人喜欢的小孩，要求他主动去承担其他的。我会告诉他“这是我们写字的桌子”“这是我们上课用的黑板”“这是放我们的鞋子的鞋柜”“这是我们烧水喝的桌子”“这是我们放书本的桌子”……

我希望他做的所有事，都是和他自己有连接的。我觉得，一个没有学会为自己做事的孩子，是无法体会到为他人奉献的意义和价值的。就像我一直觉得，大人一定要先照顾好自己，要先享受生命的乐趣，再来谈在自己有意愿的前提下，可以为孩子做出哪些更多的努力。

不自爱的人，爱他人就会变成牺牲和负担。和小范围的生活产生连接，对一个人的自我价值认同来说有多重要，我觉得很多成人都是没有太多意识的。

我见到过很多和生活失去连接的成人。火娃的爸爸就是其中之一。他在家里是不做任何事的，是扫把倒了，会直接跨过去的那种人。

之前的很多年，我对此是无所谓的，因为一个家庭的事情真的没有那么多，何况我父母和我们住在一起，还有钟点工，他们几乎承担了所有的家事。甚至，如果他不想带孩子出去散步，也没问题啊，反正我们有很多人一起带孩子出去散步。

家里的很多东西，他都不知道放在哪里。后来我和朋友 K 聊到这个，我说，现在回想起来，他是和我们的生活没有太多连接的，而我也没有努力让他在这个家庭里占有一个重要的位置。

当我意识到这一点之后，再回过头来看很多向我倾诉的“老公不负责任”“爸爸缺席”的故事，我发现中国家庭，特别是和长辈生活在一起的家庭，很多的成年男人，都只是看起来是家庭的一分子，其实还处于游离和漂浮状态。当不承担自己应该承担、可以承担的责任变成了一种习惯，连他自己都会觉得：自己在这个家庭里可有可无。

在被其他的家庭成员责备的时候，在时不时会想到要不干脆逃离的时候，他们也是会有虚无感的吧。有了这样的认识，我就不想让火娃也成为一个被照顾过多、被保护过多、被干涉过多，从而觉得自己可有可无的人。

我希望他知道他自己的东西都放在什么地方；我希望和我在一起时，他穿上的每一件衣服、每一双鞋子，都是他自己选择的；我希望给他买任何东西时，他都能告诉我他的喜好……即便我真的没法同意。比如，他要选择一个小姑娘穿的粉红外套，因为上面的花纹有一条小鱼，我也会告诉他有哪些更好的选择——我们可以选择另外一件适合男孩子穿的，上面依然会有小鱼，说不定还会有小车呢。

这绝对不只是为了让他“动脑子”，为了让他学会选择——这只是看起来会习得的表面，更深层的意义，是我要让他感觉到自己和生活的细小的连接，我希望他能感受到自己脚踏实地地活在这个世界上。

每一张巨大紧密的网，都是由一小个一小个的“连接点”组成的，就像乔布斯曾经说过的那句“connect the dots（连接生命中的点）”，当下积攒的每一个“dot”，最后“connect”起来就是一种加倍的能量。我不知道属于他的那张网，此生到底能有多大，但我希望不管有多小，每一个细小的连接点，都是紧密的。这样就够了。

有很多火娃特别喜爱的成人，他们和他有天然的连接基础。我很乐意去做那个协调人，在他不知道如何和他们交流的时候，一点儿一点儿去教他怎么说话、怎么回答。然后，我会把很多时间都交给他们，让他们自己去尝试相处。

火娃很喜欢我一个叫 Z 的朋友。

只去过她家一次，火娃就对那个村子和那个屋子记忆极深，每当走到附近，他就会说：“妈妈，我可以到 Z 姐姐家里玩儿吗？”他在她家玩儿过的每个小玩具，下一次去都知道去哪里拿；Z 送给他的每一件衣服，他都记得；Z 让他做的每一件小事，他都非常配合。

Z 知道他喜欢小动物，在国外旅行的时候，看到各种小昆虫、小螃蟹等，都会拍小视频发给他。那些天，我们一起一遍一遍看那些视频。他知道这些都是他喜欢的人专门拍给他的，那种满足感，我觉得是直接深入到他心底了。

有一天，很晚了，火娃都睡了，一直很忙碌的Z匆匆忙忙来我家送给火娃一个礼物。当我告诉他Z姐姐来了的时候，他马上爬起来，冲出门，叫了一声“Z姐姐”就拥抱她。他笑嘻嘻地看着她的眼睛说：“你好美啊！”Z那天也好开心啊。我觉得，被这个小男生无条件地喜爱、信任，其实她也是很满足的吧。

但是，对另外一些萍水相逢的、他没有产生兴趣的人，我只会让他保持基本的礼貌。如果对方来我们家里做客，他只需要给客人打一个招呼，就可以去玩儿自己的了。

所谓的人际交往能力，并不是要对所有的人都保持那么热情吧。我也并不希望让他觉得，家里来客人是一件对他来说很打扰、很拘束、很无趣、很无聊的事。我希望他和陌生的人待在一起，也是自在的。

因为我自己就是一个在人群中会比较沉默的人，我的深层交际圈其实非常狭窄，我喜欢的朋友也都不是那种特别会来事儿、特别左右逢源的人。我从小就不觉得，在众人面前随时来表演一个节目，是一件值得被夸耀的事。如果一个饭局可以让我安安静静地吃东西，有适当的、轻松的聊天，我会觉得很开心，但如果每个人的话题我都要去参与，我会觉得非常疲惫。

人生很短暂，人的时间很宝贵，要留给那些被我们喜爱的人，要留给那些我们自己喜爱做的事。因为只有那些人和事，才会让我们从内心与之产生连接，而不只是习得一些所谓的人际交往能力。也只有那些人和事给我们的反馈，才是值得珍惜的。要什么有口皆碑呢？被我们喜爱的人喜爱才最重要啊。

我喜欢你，而你刚好也喜欢我；我喜欢做这件事，而这件事刚好我也能做好——这样就有了美妙的连接。只有连接，才不会让我们产生无意义感，产生虚无感。

这对孩子来说也是一样的，不管他们有多特殊，他们都是“人”。

他们已经从小被强迫训练了太多太多了，对于绝大部分的所谓训练，他们根本都不知道自己为什么要做，不知道那些跟自己到底有什么关系。他们很辛苦，但是没办法，这是这个时代的孩子的共运。所以，身为父母，至少在生活里，我们尽量让他们更保有一些真正有连接感的小世界吧。

变成孩子，才能进入孩子的奇妙世界

有一次，我在朋友圈贴了一张火娃玩儿的照片。

那时，他半天没出声，我跑去看他，发现他正在把一堆圆柱形的磁铁的顶端吸在一个小球上，然后倒挂在铁桌子的边缘。整整齐齐的，每个磁柱之间都距离差不多，弄了好长一排。

我好奇地问：“你这是在干吗呢？”

他一边认真地工作一边抽空回答：“装灯泡。”

我当时心里的感觉是“原来如此，辛苦你了”。

有一个朋友在下面评论：“我很想问问你啊，你每天陪着孩子，真的不烦吗？就周末两天时间，我已经心里一团火直冒了。”

我在手机前神秘地笑了笑，这就是养一个自闭症小孩的“你不知道的好处”之一呀。因为他没事不会来烦你的，他特别享受一个人玩儿，而且还一副忙得不得了的样子。而且，毕竟是自闭症呀，他没有那么多话来缠着你聊。

当然前提是：他知道自己有人陪着，他知道自己没有被大人忽略。

我有时候看他一个人提着桶，头都差点儿埋进去，在那里不知道捣鼓些什么东西，眼看着一个小时了，于心不忍，想着“我是不是冷落他了”，就跑过去故作天真地问：“火娃哥哥，你在玩儿什么呀？”

结果……

“妈妈，再见。”他头也不抬，腾出一只手摇了摇。

我装得死皮赖脸：“我不想再见。我想跟你一起玩儿！你能告诉我你在玩儿什么吗？”

他继续头也不抬地敷衍：“玩儿水。”

“我也喜欢玩儿水呀！我可不可以跟你一起玩儿呀？”

回答我的只有一句冷冷的：“不可以。”

我去摇他的胳膊、摸他的头，继续恳求：“求求你嘛，求求你嘛，我要跟你一起玩儿……”（写到这里我自己都要吐了）然而话还没说完，他已经忍无可忍，直接提着水桶就走了。换了个好远好远的地方，屁股还对着我。他应该是觉得自己的妈妈很傻吧。

我不介意他这样认为，因为，身为一个小男人，他和很多的年轻男子一样，喜欢看起来傻乎乎的女人。他喜欢逗我这个“傻乎乎的女人”。我特别珍惜他来主动逗我笑的时候，因为那个时候所有的语言，都是他在练习自己的主动语言，这些语言即便有些无厘头，但是对于一个自闭症的小孩来说，太宝贵太宝贵了。要我装傻一百万次我都愿意。

以前他喜欢叫我“小姑娘”，一叫我就笑，我就会嗲嗲地回叫他：“小哥哥……”有一天，一对重庆的朋友来大理顺便看我，他又跑来逗我，摸摸我的头，笑眯眯地叫：“小姑娘……”

朋友憋不住笑，问我：“我忍了很久了，你老实说，是不是你教人家这么叫你的？你真是太不要脸了。”

好冤枉，真的不是啊！我人缘就是这么好啊，我有什么办法？

在丽江玩儿的时候，突然遇到了大雨。我们从小贩手里一人买了一件雨衣穿上，我的是绿色的。他一直笑眯眯地看着我，最后好像终于找到了一个好的措辞，说：“妈妈，你好像一只老青蛙！”

我当然假装很生气地撒娇：“我才不是！我不老！我年轻得很呢！我这么美！”其实心里惊喜得很，“老青蛙”这个词组完全就是他自己组织的。他最喜欢看我这个一戳就跳起来老高的样子了。

我“不依不饶”：“你再说一遍！我到底像什么？”

他于是又一脸宠溺地改口：“像只大青蛙。”

我戳戳他的鼻尖：“那你就是一只小青蛙哦。小青蛙，你好可爱呀……”

于是他心满意足地追加一句：“妈妈，你好美啊！你像美羊羊！”

啊……如此蠢萌的对话，真是少女心都化了呢。

“我如果像个美羊羊，那你是什么呀？”

“我是喜羊羊！”

哦，原来美羊羊和喜羊羊是母子关系啊？或者说，在他的心目中，妈妈和他跟喜羊羊和美羊羊一样是好朋友的关系。

当我不强拉孩子进入“我需要你这样做 / 说”的节奏，而是将自己变成孩子，进入孩子的世界时，就会发现他们的世界，其实都是很美妙又很有趣的。因为他们的想象力比成人丰富太多了。

回到刚才那个他觉得我很傻的场景。我装傻，只是为了故意整他。他跑走了，我当然也是会继续跟过去的。因为我还真的挺想知道，桶里不过就是一堆小石头泡在水里，他到底在玩儿个啥玩儿了这么久？

我换了一种方式：“小哥哥，你桶里装的是什么呀？”

“螃蟹。”他想了想，“还有乌龟。”

我兴致勃勃地捅了捅他：“哦？小哥哥你发财了哦！这么多小动物啊？它们在干什么呀？”

“在游泳。”

“我看到了，它们真的在游泳，那哪个是螃蟹啊？”他看我很有求知欲的样子，很爽快地给我拿了一个石头，我左看右看……看不出哪里像个螃蟹，可我不能说啊，只能随便指着石头的一个部分问：“这是螃蟹的什么呀？”

他看了看：“螃蟹的眼睛。”

有了这个指引，我继续看呀看，看呀看，终于看清楚了，确实是像一个螃蟹！当然也不排除是我成功地被他洗脑了……

乌龟更好笑。他给我拿了一个大块的，我当然又是啥也没看出来……随便指了一个地方，他说：“这是乌龟的尾巴。”

我自作聪明地指着旁边，说：“哦，那这就是乌龟的腿！”

结果他一把抢回去：“没有腿！”

“那腿呢？”

他想啊想，想了好久该如何表达，最后说：“腿进去了。”他的意思其实是：腿缩回去了。

这些在我眼里只是一堆破石头，可是人家一点儿也不含糊的啊。接下来他又跑去挖多肉植物盆里的小碎石。我好想阻止啊，可是我只是问：“你拿的这又是什么呀？”

“这是饭。”

“给谁吃的？”

“螃蟹吃的。”他顿了顿又说，“乌龟也吃的。”

终于搞懂了。原来这是一个动物饲养游戏呀。于是我赶紧百度了一下螃蟹和乌龟分别吃什么东西。我也去找了几块小碎石，丢了一颗进去，说：“来吃点儿肉吧！它们还会吃小虾哦！”

他几乎是秒懂，抓起我捡来的石头就丢：“来吃点儿小虾吧！”

面对一个语言不发达的小孩，要弄懂他们到底在做什么，就是需要这么多耐心的，需要成人不断地去放低身子，进入他们看起来无厘头的“一个人的世界”，而且大人的放低必须是真诚的，他们如此敏锐，很容易就知道你是不是真的能一起玩儿。想来以前我那么没有耐心，其实是我的损失，我错过了好多有趣的事。

有一天，我们去户外，路上发现了一只大大的像小树枝一样的虫子，老师告诉我们那是竹节虫。这只神奇的虫子的名字，他一下子就记住了。

过了几天，我们去散步，他突然折下路边一棵植物的顶端枝丫，开心地拿起来转圈。我好奇地问：“你拿的是什么呢？”——我特别喜欢问他“是什么”，因为他的回答总是会出乎意料。

他很得意地说：“竹节虫！”

他不说，我只知道那是植物的一部分，他一说我才发现，这叫一个像，简直可以以假乱真！我当然又及时百度了一下，告诉他这是世界上最大的昆虫，而且它还会飞呢，只是停下来的时候，翅膀会收起来，让别人以为它是一根小树枝。

前一段时间，他每到课间，就要急急忙忙跑到后院的沙池里去。我观察了一下，他玩儿得似乎很枯燥，每次只有一个动作，玩儿了很多天，加起来也只有两个动作。一个动作是：拿一个小桶，拿勺子往里面舀沙，装满了就倒，然后继续舀。另一个动作是：抓起沙，一把一把往旁边扔，站起来扔，还要爬到树上扔。

与其他小朋友们拿着沙子和树叶做各种“蛋糕”“烤肉”相比，他那两个持续多日的动作，在我眼里实在太像“刻板动作”了。于是后来我忍不住每次都去问他：“你在干什么呢？”

结果在我眼里看来只有两个的“刻板动作”，在他那里的回答，每次都不一样。

拿小桶舀沙的回答有：“我在做奶粉！”“我在做蚯蚓的窝！”我才知道，人家不只是在舀沙，沙子里还有一根小破绳子，是他的“蚯蚓”。

还有：“我在埋蝎子！”

“卖鞋子？”

“埋蝎子！”

“啊，蝎子。蝎子在哪里？”

他那一桶刚好装满，倒出来一看，里头确实有一个“蝎子”，是一块两边都有突起的石头，很像蝎子的两个螯。我想起来了，在认“蝎子”这个词语的时候，我确实是有延伸地告诉过他，很多蝎子是生活在沙地里的。

还有扬沙，我很严肃地告诉他：“不能扬沙，特别是有小朋友在的时候，会进到小朋友的眼睛里，这样会让别人受伤。”

结果他一脸无辜地说：“我在下雨。”或者：“我在下雪。”或者：“风来了。”

我想他的意思是：起风的时候，风会把沙子吹得到处都是。但是这个回答有点儿推卸责任的意思啊，小朋友！所以，也许很多我们眼中的“刻板动作”甚至“行为问题”，都有他们自己的意义，甚至包含了想要对大人说的话。只是我们大人的智慧和想象力还不够，是我们习惯性地看轻了他们和他们的世界。那个世界，如果我们不愿意放下所有的成见，不能带着单纯的敬意和好奇走进去，我们和孩子，对于彼此来说，永远都是陌生的两个世界里的人。

我们的教室在苍山的半山腰，这里时常会来一些“小客人”。有一天，教室里来了一只小壁虎。火娃是第一个发现它的人。当我看到时，他正在拿手触碰它的尾巴，追得它满地跑。我当时有些害怕，我以为他在伤害它，差一点儿就叫出“不要动！”来，但我想知道他到底怎么想的，于是忍住了。

“哇，我们的教室里来了一个可爱的小客人呢，这是什么呀？”

“蜥蜴。”

“你说对了！它好像是一只壁虎，壁虎是蜥蜴的一种。那么，现在你想做什么呢？”

“我想玩儿。”

“你想把它拿在手里玩儿，还是想跟它一起玩儿？”

“想跟它一起玩儿。”

“但是它还很小，它现在好像很害怕。它的妈妈好像正在竹林里等它回家，我们送它出去找妈妈好不好？”

竹林在教室门外。他虽然很舍不得，但我想也许是他感同身受了“害怕”和“找妈妈”，所以他想了想，就开始一边继续从不同角度去触摸它的尾巴，把它往门边赶，一边说：“回家找妈妈吧！”

我说：“小壁虎的尾巴很容易受伤，会断，会很疼。我们要照顾好它，要轻轻地去碰哦。”他就真的很轻很轻地去碰。

顿时，我的内心有无限柔情升起。

之前我有写过，火娃是会把小动物玩儿死的。为此我还专门咨询过芭芭拉，她说不排除一种可能，就是之前火娃经受过很多严苛的训练，他在借此排除自己的压力。他对待小动物的方式，也许是他感受到的成人对待他的方式。

但不管是什么原因，我这一天突然想，其实之前的我，也并没有用合适的语言引导他如何去善待柔弱的小动物吧。我只是在责怪他、控制他，我被自己的恐惧和无能困住了，我没有很温柔、很确定地告诉他，具体要怎样做才是和小动物友好相处的方式。

最后，因为那只小壁虎死活不想出门，而他已经很着急了，我只能很无耻地改口说：“好像这只小壁虎的妈妈会到桌子下面来接它回家，我们把它送到桌子下面就好啦！”

话音刚落，他又碰了一下小壁虎的尾巴，那个小东西刺溜就跑到桌子下面去了。我伸出手和他击掌：“耶！火娃，你成功啦！你真的送它去找妈妈了！”

他很满足地笑起来，拍了我一下，然后扑过来抱我。我想也许这个拥抱的意思是和我分享他成功的喜悦，同时也表达“我知道有妈妈的感觉很好”。他内心是一个多温柔、多有爱的小孩。

当然，以防他真的等小壁虎它妈妈来接它——那就很尴尬了——我这个影后级的妈赶紧给他找了一个他特别喜欢的事去做：“那现在我们去玩儿沙吧！你可以跟小壁虎说：‘小壁虎，你慢慢走，下次再见！’”

他伸出手摇了摇：“小壁虎，你慢慢走，下次再见！”然后蹦蹦跳跳就出门去了。

这就是一个自闭症孩子的小世界。这个世界只对很少的一部分人开放，这个世界很难有别人会懂，因为他们的“不一样”太明显了，以至于别人只能看到不一样的部分，或者被不一样吓到，而不知道其实进入他们的世界没有那么艰难。但没关系，有那么一些愿意进驻的人就好。对于火娃来说，永远无须担心的就是：他的妈妈一直都会在的。因为我已经知道他的这个世界有多单纯美妙。在我心里，他是一个对大自然里的事物都能有自己的连接方式的孩子。不仅是对动植物，对风、对水……都是一样的。

所以他会说：“我看到风了。”

所以他会说：“小溪流眼泪了，它很伤心。”

在他心里，万物有灵。谢谢他一点点教会一直活得很现实、很物质的我“万物有灵”这个世界的基本准则。在我心里，这有灵的万物里，包含一个静静闪光的他。

第三章

我们和你们：这些年，你们过得好吗

那些只能自己穿越的黑暗通道

有一天，有 7 个家庭在我家里聚会。大理那时正是大风整天呼呼吹的风季，天台没有办法撑伞，但他们还是一致要求上去晒太阳、喝茶，戴着墨镜、帽子和各种花式的手搭凉棚。

有个妈妈正在为孩子陪读的事情伤神。其实，我们和孩子的爸爸一样觉得没有太多陪读的必要。因为孩子的能力已经很好了，他就像我们成长过程中班级里那些不合群、读书也不大好的孩子一样，当然会遇到一些困难，比如遭到一些取笑、获得一堆外号、会有很长时间自己一个人玩儿。

应该是自身成长经历的关系吧，这些问题，我自己觉得当然会有一些麻烦，但是问题也没有那么大。因为我小时候就是那样一个活在沉默和欺凌中的人啊，而那位妈妈小时候，刚好是一个旁观者。

没有经历过的事情，一般会带来两种可能性，一种是低估，一种是高估。低估的人会很轻易地说，那有什么关系？不，有关系的。高估的人会警惕地说，那样的人生真是惨不忍睹！呃，也没有那么糟糕啦。

身为一个家庭环境一般、性格古怪、学习成绩也差的小孩（我小学时一直很懵懂，直到初中才突然变成学霸，这期间到底发生了什么我自己也不懂），我既没有朋友也不得老师宠爱——同样做一件错事，比如上课铃声响了还没有跑回教室，我总是被批评的那一个。我甚至遭到过很多体罚：罚跪在花坛的边缘，被小竹条打手板心，因为午觉睡不着动来动去被罚在烈日下炙烤，不准回家吃饭，眼皮都快被老师揪肿了。

同学们小小年纪，已经很懂什么人可以欺负、什么人惹不起了。家庭条件很好的人惹不起，因为你胆小怕事的爹妈会揍你；老师喜爱的人惹不起，因为老师会揍你；打架很厉害的人惹不起，因为你会被揍；很会哭的人也惹不起，你十八般武艺一样都还没使出来他们已经哭得整个学校都知道了，你不会有成就感，你只会觉得委屈。能欺负的就是当年我那样的古怪而沉默的小孩。

我不记得是春夏秋的哪个季节，总之在某一个季节，在长达几个月的时间里，漫山遍野都长着一种带刺的小果子。那几个月真是过得很麻烦，恶作剧的人会往我头上扔刺果子。我脑袋上前一批刺果还没有摘完，新的一批又来了，每当新的一批粘在我头上，全班都会响起狂笑。

现在想来当时并没有太多伤心，我只是觉得好麻烦，头发会被扯得很疼，课间十分钟根本摘不完，还要像个巨型刺猬一样，顶着一头的刺果子上课，被老师看见又是劈头一顿骂。

如果当天和我一起值日的人中有一个胆大包天的小孩，其他原本懦弱的孩子们也会立马闪烁着眼睛，像有了靠山一样，自动抱成团——他们虽然很懦弱，但是心里很明白，你不抱大腿，下一个就是你。

我就变成了那个一直兢兢业业值日的孩子，擦好的黑板会被反复画上其他的，捡好的粉笔转头一看又整盒倒在地上……而当我做完所有的工作抬起头，拿起小书包准备趁天还没黑赶紧回家吃饭时，又会发现：门总是已经从外面被锁上了。真的好麻烦，又得翻窗户。

坐在我后面的男孩，除了长年累月地往我头上丢刺果、丢灰、丢小虫子，还会把桌子不断往前挤，把我的脊椎挤得笔直。如果我下课需要上厕所，得等他不在的时候，推开一点儿他的桌子，再把自己挪出来。如果哪天他特别想整我，不想出去玩儿也不上厕所，我就出不来，得揣着一个快要爆炸的膀胱再熬一节课。

走在回家的路上总是要被抢东西，在我老家这种行为叫“擂肥”。可是我并不肥啊，我的零用钱只够买一根一毛钱的冰棍，或者两颗水果糖，他们也不嫌弃。如果实在没有钱，他们就会把我书包里的铅笔拿走，或者把我课本的封皮撕下来。

可是我始终沉默，不反抗，久而久之他们就有些烦了——没有反馈怎么会好玩儿呢？于是，他们故意用我能听到的声音“偷偷”商量，要在放学后打我一顿。我真的好烦，不知道他们为什么要玩儿这种无聊的事。然后下课铃声一响，在老师还在收拾教具，同学们也都还在装模作样地慢慢收拾书包的时候，我提着上课的时候就偷偷收拾好的书包，一溜烟儿地就跑了。

不告状，因为除了不被老师喜爱，父母对我也实在谈不上宠爱。他们总是很忙，被生活压得脾气暴躁，吵架是家常便饭，不吵架的时候也总是黑着两张脸。我觉得相比被同学欺负，在父母面前哭诉才是世界上最可怕的事情。除了得到一顿痛骂，不会有别的吧。

记忆中仅有一次我坐在无人的树下哭泣，是因为被偷走了一件珍贵的礼物。那是在我还没有念书的时候，在妹妹还没有出生的时候，在爸爸妈妈还会给对方写信，开头都是彼此名字的最后一个字的时候，爸爸送给我的口琴。那是一匹白色的小马，可以从马肚子上吹出奇妙的声音。

现在想来，小学 6 年，我唯一能勉强称为朋友的，是一个小儿麻痹症患者。他很瘦，在课间时总是一个人坐在教室外面的地上打弹珠。之所以说勉强，是因为我们也不怎么聊天，我们只是会一起坐在地上打弹珠。有时候一起逗逗从我们脚边爬过去的小虫子，把它们埋在灰尘里，再看着它们一点儿一点儿地爬出来。有时候弹珠会被调皮的孩子踢走，我就去捡回来。然后继续一起玩儿。有时候我不想玩儿，就坐在他旁边的地上，看着他玩儿，或者只是看着眼前的操场。

如果只是这样而已，那我的童年是不是太无趣了一点儿呢？接着，六年级来了。在一个雾茫茫的早上，背后的男同学照常将桌子往前推，将我挤得腰杆笔直。我也不知道那一刻发生了什么，自己突然就如战神附体一般，一把掀开了他的桌子，在他的错愕还没有从脸上退去的时候，我提起自己的板凳，直接扔到了他的脸上。

那天，我们打了一早上的架，从教室打到操场——当天的第一节课，全校的老师都去邻校开会，学校里只有一个成年人，就是炊事员，而他也只是默默地看着我们打了那一场全校围观的惊天动地的架。胆小的挤在窗子那里观战，胆大的直接跑到操场上来给我们加油，在他把我打倒或者我把他打倒的时候，全校同学都在嗷嗷叫。后来我们打累了，老师也回来了。可能当天的会议对老师来说也不是什么愉快的记忆，他只是很不耐烦地随便批评了我们两句，然后打发我们自己去看医生。

出了校门我才发现，我和他全身都是灰，眼睛都快看不见了，我的手背上有一个深深的洞在不断地冒血，而他的右脸上，血和灰裹在一起成了泥。我们的学校在一座山坡的最高处，可以俯瞰附近所有的房子和田野，那一刻我觉得整个世界都在我的脚下，真是浑身充满力量啊，一点儿都不疼。何况，他一直在抹眼泪——对，我把他打哭了。

离学校最近的医生是我的远房舅舅，我现在还记得他看到我时惊讶的表情。也许是太惊讶了，导致他全程沉默，甚至没有问我们为什么打架。

从此以后，生活依旧。我依旧是那个没有朋友、性格古怪的小孩，可是在大人看不到的地方，我变成一个天不怕地不怕的人——直到现在。

所以我想，生活总有那么一些让人失望，我们总是很长很长时间甚至永远，都没有能力对生活做出一些改变，但是，那又怎样？我们也就这样长大了。有一些困难，的确是需要帮忙、大人可以帮忙的，比如，如果孩子的能力实在达不到随班就读，大人就不能把他们轻易丢在那里。但另外一些成长的黑暗通道，必须得自己去穿越，他们甚至不需要太过努力地去穿越，他们只需要一天一天地看着这个世界，然后活着就好了，活着本身就是一个积攒能量的过程。

即便每天都在做着旁人看来毫无意义的事，可是我们生命里很多回头看来了不起的变化，就是从那些“毫无意义”的事里长出来的。包括一遍又一遍看着小虫子从灰尘里爬出来；包括躺在草坡上，一点儿一点儿把地上散落的面包屑弹进夕阳里。

当“大麻烦”降临，“想得开”就够了吗

在写下这个标题时，我反复斟酌了应该用什么样的词语来说“我生了一个有自闭症的小孩”。灾难？横祸？太可怕了一些，没有那么严重。坏事？也对，它的确是一件坏事。可是，任何一件坏事发生了，它最终走向哪里，都取决于我们将它当作一个开头，还是一个结尾。如果我们把它当作一个开头，把所有的愤怒、忧虑、不甘、不平，都转化为一种创造力，我们一定能帮助孩子，也能帮助自己建立一种新的日常，并探寻出更多的生命的意义。

但我也不想把这件事浪漫化为一件好事。它肯定不能算一件好事，那么多的家庭活在可怕的旋涡里，我自己也是在长达几年的时间里感觉深渊在一点点将我吞噬。

它真的，绝对绝对不能算一件好事。想来想去，说它是一个“大麻烦”，我自己觉得算是很贴切的了。很多人问我：你怎么那么想得开？“想得开”，我看着这三个字，觉得事情似乎没有那么简单，我好像不是坐在那里“想”，门就自然“开”了的。

所有大家看到的所谓“想得开”的家长，我都不认为他们是只靠

“想”就能想得开的。

这些年我认识了非常多的家长，里面有很多有大智慧的人。我发现，每一个我觉得很棒的人，他们的“想”，都是长年累月、一点儿一点儿“做”出来的。“想”是一个经过提炼的结果，“做”才是过程。毕竟，在这个资讯已经太发达的时代，我们得到的关于如何去带领孩子的理论和方法，不是太少了，而是太多了。想得太多，做得太少，才是这个时代的通病，不仅仅只是针对带领孩子。

除了在生活里一点儿一点儿地“做”，另一个面对“大麻烦”时重要的部分是：我们到底希望孩子变成一个什么样的人？我们要往哪个方向去“做”？

纯粹个人观念来讲，我对“融合”是没有什么执念的。在我看来，“融合”除了给家长一种安慰：“我的孩子在普通学校读书，他是一个普通孩子，至少有希望变成一个普通孩子。”对一些基本能力达不到的孩子而言，不一定是好的。因为他们比谁都知道自己不一样。他们已经不需要随时、随地，都有人来提醒“你不一样”了。

人，大概都是和同类待在一起才更舒适的吧。

想想我们自己，我们从小到大愿意去结交的朋友，到底是什么样的人呢？如果要我每天和一群聊不来也看不上我的人一起玩儿，即便他们是有教养的、懂得尊重的，我也会心理压力大到怀疑“我为什么会来到这个世上受这种苦”吧？

他们只是我们的孩子，他们是独立的个体，他们没有义务来满足大人的执念。他们有权利过尽量开心、舒适的一生啊。如果他们和同类待在一起更自在，甚至一个人玩儿的时候最自在，那又有什么不可以？为什么一定要让孩子按照大人想要的方式生活？生在这个依旧摆脱不了“成功至上”价值论的世界上，大人的很多做法，在我看来只是把绕在脖子上的绳索勒得更紧了一些。当然，如果一个孩子特别喜欢上学，那证明他（她）在学校有一个很接纳他（她）的融合环境，这就是最好最好的一件事，比孩子能够学到多么具体的知识都重要太多太多！

就我自己而言，我是有些为火娃庆幸的，他不需要学奥数，不会小小年纪就做作业到晚上 11 点，没有小升初、中考、高考的压力。而我，自然也同等地少掉了这些烦恼。我们还可以避开所有的节假日高峰，享受便宜的旅行。

之前给我们提供单独教室的那所华德福学校的创始人钱老师曾经和我分享过她的老师给她讲过的一段话，大意是说特殊孩子在上一世可能是非常有能力且因此过得非常疲惫的人，这一世他们就是来休息的。

虽然有一些浪漫化的想象，但从某种程度来讲，他们可能也是比我们要幸运的人，他们的人生初始设定，可能就是这一生不必有那么多的现实束缚，他们就是来体验和享受生命的。父母只是被选中来协助他们的同行者。同行多艰，是的，不可否认我们都很努力，但是不要“那么那么”努力，因为也有可能我们努力的方向不一定对呢。

有时候我会觉得有点好笑的是，生下一个特殊孩子，可能才能检验大家在初为父母时说过的话，是不是一个“红巨星”一样的谎言——红巨星是宇宙中暮年的恒星，很庞大，看起来很美，但是密度太低，经不起一点儿推敲，很容易飘散在浩瀚的宇宙中。我们不是都会说那句“我别的不求，只求你健康、开心过一生”吗？

大人是怎么确定，他们不是所谓的“正常”孩子，他们就不开心的呢？其实是大人不开心的成分更多吧？

至少我在火娃身上看到，他们是很能自得其乐的，他们是可以过很开心的生活的，而且也很健康。火娃没有什么不开心，是我以前不开心而已。我在一些很自在的孩子背后，一定会看到很自在的父母。反之，在情绪很糟糕的孩子身上，也一定会看到特别焦虑、控制欲和改造欲特别强的父母。

这也是我个人为什么特别抗拒“不正常”和“干预”这一类词的原因，我觉得它充满了自以为是的入侵，它在把一个人的价值观强行灌输进另一个人的身心。对我来说，这些词语太冰冷了，它没有温度，不够尊重，听起来会有些“生而为人我很抱歉”的酸楚，还有一些无法调和的冲突。——这并非抠字眼，而是，当我们下意识地选择什么样的措辞，往往代表我们在无意识中已经选择了一种什么样的世界观。

我更愿意用“特殊孩子 / 特需孩子”去代替“不正常孩子”，用“引领 / 带领”去代替“干预”。就像我们和孩子一起去远足，过程中有诸多困难，我知道他不会那么顺利，我理解他的困难在哪里、他可以应对的困难的程度在哪里。但我还是信任他，我坚定地走在前面，给他示范我可以怎样走，他不必和我一样的姿势、一样的节奏，但他还是要用自己的方式去走。他就是他自己。他走得慢，我会停下来等；遇到障碍，我会带领他面对困难，我们一起探索解决问题的方式。最终，我最大的希望，只是他能享受整个过程，甚至可以不必到达那个终点。

我们向着远山进发，远山不是目标，远山只是我们内心存有的美好愿望，过程愉快就够了。人生短短几十年，我们要认真努力地活着，但我们没有必要让自己，也让孩子，就像“我会活生生世世”那样去“太过认真、太过努力”地活着。不管对人对己，那样的一生都太辛苦了，会有些浪费这一个体验“生”，体验“死”，体验过程中星光满天、草长莺飞、花开花谢的机会吧。

健康、开心最重要，这是真的。那个红巨星一样的谎言，其实初心都是真的，不要让它变成谎言。当然，这只是我的个人观点。毕竟，这样“懒惰”的我，已经被不少家长明着暗着说我“耽误孩子”了。我只是听着，说得再明显，我也只当没听到。

因为不一样的人之间，无法沟通几乎是绝对的（就像我们的特殊孩子，和他们的普通同学之间一样）。大家从小的生长环境不同、性格不同、兴趣爱好不同、职业背景不同、看问题的角度不同，连感情经历也不同，总之就是三观一律不同，这样的不同不会因为共同有特殊的小孩，就可以自然而然地变作共同的。

我向来不喜与人争论，我只做我自己想做的事，只和我喜爱的人聊天。之前十几年的职业经历，也让我习惯了听人说得多，习惯了谨慎地表达。有人需要、有人求助，我就适当地表达，不然我也就只是听着罢了。这个世界不是非黑即白的，很多事情只有不同，并无对错。我们都只能选择自己喜爱的方式过这一生，所以，少一点儿对他人的评判吧，各安天命即可。

那么现在问题来了：等你老了，你的孩子怎么办呢？

是的，中国现在在这方面的制度尚不健全，但是我们每个人，难道不都是这个社会的一部分力量吗？有那么多人在努力地改变这个国家的现状，社会一定是会进步的。在教会孩子对这个世界有美好的期待之前，我们自己要先变成一个相信美好的人。这是一个蝴蝶效应，我们都是蝴蝶，只要我们努力地扇动翅膀，匹配我们的努力的明天一定会到来。

这两年我学治疗教育，得到了不少欧美各个康复村的信息，我知道国内有一部分先行者，正在尝试将这样的模式在中国推广。我做记者的时候，也跟踪采访过重庆的慧灵机构，并和不少社工义工成为朋友。记得当时采访的时候，最大的一个学员已经年过半百，他们在庇护工场里做力所能及的工作，和同类一起唱歌跳舞、一起生活，社工们是陪伴者、照顾者、带领者。他们过得没有那么苦大仇深，他们其实是很开心、很纯粹的。这也是我余生的梦想，能够在大理，和一些志同道合的人一起，建造一个康复村，让他们更有尊严、更自在地生活、工作。

抱怨、恐惧，都没有用，改变一个社会，就像种一棵树，最好的时机是十年前，其次就是现在。我个人相信，这些涓涓细流最终都会汇成大海。眼下，且先让我们自己有一个稳定的内心，然后傻傻地去做吧。当我们在做的时候，我相信，时间一定会给出答案。

生而为人，你不需要“那么”抱歉

有一天，一个家长带着孩子来大理旅行，顺便到我家来聊天，那是我们第一次见面。不记得我是说到了一件什么事，大概是一件很小的、我觉得很正常的事，比如“孩子玩儿一个玩具玩儿到很兴奋了会先站起来跑两圈，回来再接着玩儿”之类的，然后他立马接话：“我们的这种孩子，行为问题多啊，按下了葫芦起了瓢。”

我刹那的反应是：什么？这个真的称得上是“问题”吗？想起大学的时候收到第一笔稿费，我是躲到没有人的洗澡间里蹦跳、狂笑、做鬼脸起码 5 分钟，才镇定地走回宿舍，当作这只是一件云淡风轻的事的。开心的能量，与不开心的能量一样，都是要通过做一些动作，才能输出去不堵在身体里的啊。

所以我当时是直接这样回应的：“我不会把他们所有不同于所谓普通人的行为都看作行为问题。在我的标准里，一个行为够格成为问题，是因为它对其他人产生了很不好的影响——而且这是唯一的标准。”比如在公众场合做一些不雅的事；比如走在街上突然迎面给了陌生人一个大巴掌；比如坐在餐厅里面朝着隔壁桌子大喊大叫还往人家刚刚端上来的鸡汤里吐口水……这些都是行为问题，但是——关在自己的屋子里自慰不是，青春期的孩子应该知道自己的身体是如何正常运作的；因为情绪实在失控给了妈妈一巴掌也不是，妈妈正好可以借此机会教孩子说“对不起”，而且，要是碰上我这种妈，觉得孩子无理取闹会马上毫不留情地反手两巴掌打回去的，礼尚往来嘛，孩子得知道，要是随便打别人，别人一定会更狠地揍你的啊；想到了伤心的事情坐在餐桌边莫名地哭了起来，为了解压偷偷向自己碗里的鸡汤吐了口水，咦？好像挺好玩儿的，瞬间没有那么伤心了——这个也算不上什么餐厅行为问题，反正鸡汤是自己喝进去的。我还看见过成年人因为一时找不到纸，实在不知道怎么办，干脆趁人不备把挖出的鼻屎吃掉的呢。

如果旁人觉得看这样的他们一眼或者只是听说，都感觉受到了莫大的伤害，那是旁人自己的问题。但是偏偏，很普遍的情况是特殊孩子的父母会把孩子的所有“不同”都理解为孩子的“问题”，大家似乎已经都“生而为人，我很抱歉”了。

我自己也有那样的时期，特别是生活在大城市的时候。大城市的气场总是更容易让孩子们压抑和崩溃，而大城市的规则又总是那么多，跪在公园的地上和一只好不容易找到的昆虫玩耍，都有可能被人用异样的眼光审视。你怎么能这么奇怪呢？在公园里，孩子得活泼开朗地和父母牵着手聊着天散步呀；得拉着海绵宝宝的小氢气球蹦蹦跳跳地往前走还时不时回个头啊；遇到小昆虫，还得蹲下来小心翼翼地拾起它，然后充满爱心地把它送回大自然母亲的怀抱啊。孩子怎么能那么肆意地在路上跪下，甚至趴在地上和一只小虫子一起玩儿半个小时呢？他们得活得像个公园广告片……

在火娃更小的时候，我有时候真的希望“你能不能赶紧给我昏倒”。因为那时他听不懂话——我以前觉得，小孩子为什么要听话？那样不是没有性格吗？！后来，从火娃的发展上我知道了“听话”到底是什么意思，听话不是唯命是从，听话的前提是你能听得懂，听话代表你对语言的理解能力提升了，理解是沟通的前提。

有一次，我带他去深圳玩儿，飞机上四人一排，我们被两个陌生的男人夹在中间。那天的飞机，就像一个飞机中的自闭症儿童，很不安分地一会儿上一会儿下。火娃的耳朵很不舒服，他选择对抗不舒服的方式就是拼命吃巧克力豆——那是上飞机之前送机的朋友买给他的礼物，他一直紧紧抱在怀里。我让他不要吃这么多，如果耳朵不舒服可以喝点水或者吞口水，可是他根本听不懂，也没办法模仿我做的动作，他只是崩溃地大声嚷嚷：“要吃巧克力豆！”——他应该是发现咀嚼的动作可以让自己暂时舒服些。周围的人已经在往我们这边看了……因为周围的成年人也已经被这趟“自闭症飞机”搞得很烦躁了。现在又多了一个自闭症儿童来搞事！

我只能无力地选择了放弃——随你便吧，吃吧，吃吧！给我安静一点儿就行！然后，在又一次颠簸的时候，他顺利地吐了自己一身，再加上我的半边身子……读者可以脑补一下巧克力豆的颜色……

说来好笑，在我还处在头脑轰鸣中时，坐在火娃左边的男人已经第一时间“唰”地站起来，镇定地交代空姐给我们拿来了水和纸巾。在我狼狈地把火娃脱得只剩一条内裤之前，他又让空姐送来了蓝色的小毯子。那是一个瘦瘦高高戴着眼镜的中年男人，很有风度。在我一边给他不断道歉一边说“谢谢”时，他轻轻地问我：“他是不是吃太多了？”

我想这一定是个经验丰富的爸爸，从火娃开始狂吃巧克力豆开始，他就已经做好了万全的准备，他等这一刻已经等很久了。裹上毯子，火娃终于安静了。因为他发现稍微动一动，毯子就掉了。他的所有注意力，全部集中在了不暴露自己的身体上。

在最后一次对左邻右舍说了抱歉之后，我闭上眼睛靠在座椅上，长舒了一口气。这才是我觉得必须要说抱歉的时刻。

身为一个特殊孩子的家长，我们这一生注定要使用几十倍甚至几百倍的“对不起”，但是，但是，但是——还是要保持清醒，我们不需要为那些不该道歉的事情道歉，不需要为所有旁观者的不快负起责任来，因为所有的人都带着缺口在这个世界上生活。很多不快的发生，是人们自己需要去修行的功课，其实是轮不到你来说抱歉的。

比如，有一次我和K带着孩子们去泳池，那时小S正迷跳水。他一次又一次往水里蹦，享受着没入水里又靠自己的努力浮上来的舒爽。很多大人一开始会被这个阵势吓到，但是因为他专注于精进自己的跳水技巧的样子实在太可爱了，而且他毕竟是个俊美的混血儿——颜值高的人总是会得到更多的优待，大家很自觉地移到了不会被水花溅一脸又可以看得到他的地方。我看到很多人都在笑，那是一种欣赏的笑容。

但是，有一个女人被激怒了，她没有选择换一个远一点儿的地方，她只是一边执拗地继续承受着溅起来的水花，一边翻白眼和咒骂。骂的呢，我只能说，真的超难听。难以想象一个成年人怎么会对一个陌生的小孩骂出那么多可怕的话。

我有一点儿于心不忍，问K：“我们需要做什么吗？”

结果K点了一支烟，笑着说：“不用。他（小S）都没在怕，我怕什么。”

于是，我们就静静地坐在泳池边，看看最后到底会发生什么。到最后，我们已经产生同情了，不是同情被咒骂的孩子，而是同情那个女人——这个孩子可是有自闭症啊，你不把他抓住，和他正面对决，光这样骂骂咧咧气到吐血到底有什么用啊？他此刻专注于自己的极乐世界，根本就听不见你说的啊！

家长需要对她说抱歉吗？我觉得K是比我有智慧的，当家长抛弃“生而为人，我很抱歉”的惯性，头脑足够清醒时，就会知道这是不需要说抱歉的。因为这就是这个女人需要去面对的功课——直视带给你困扰的人，说出你的感受，去解决问题。这些都是需要勇气的，一味地抱怨只不过证明你在生活里是一个缺乏勇气和自信的人。

抱怨是一种最无用也最无能的情绪。因为困扰你的那个人甚至根本连你正在困扰着都不知道。最后的结果，是她成了泳池里那个最不开心的人，她根本没办法享受玩水的乐趣了，她气呼呼地爬起来，一边继续骂一边走出门去。

而小S还在一遍又一遍往水里蹦，就在那天，他学会了憋气。

嗯，很抱歉，没办法跟你说抱歉。

当我们在谈“坚强”的时候，证明我们已经被消耗得很惨了

有一天深夜，我被一个妈妈拉着聊了很久的天。她反复说：“你真的是一个好坚强、好伟大的妈妈，我真的好想学你去大理隐居。”说实话，每次碰到这样的聊天场景，我有点不知道怎么接话。我觉得“坚强”“伟大”这些词语太悲壮，我有点承受不起。

总会有一些时刻——遇到挫折、疾病等，是需要我们坚强的，它能帮助我们过那个坎儿。然而，我觉得呢，如果“坚强”“坚持”等词语，留存的时间太久，变成一种生活的常态，那么证明我们已经被消耗得很惨了。

当最开始火娃被诊断出自闭谱系，我对这个还一无所知的时候；当刚迁居大理打乱仗的那 4 个月，刷墙刷到胳膊连筷子都拿不稳的时候，我也是靠着坚强才挺过去的。而后，当我对自闭症越来越了解，对火娃越来越知道如何带领，当诸事渐渐步入正轨，我的生活里其实已经没有“坚强”这个词语了。我觉得，只有当我们意识不到“坚强”“坚持”“努力”“挺住”等词语的存在时，才代表我们不再失衡。

另外，再说三遍：我没有隐居，没有隐居，没有隐居。如果你只是想

找个地方隐居，千万不要来大理，大理是个生活气息特别浓重的小城，它不能让你逃离生活，而是让你踏踏实实地回归生活本身。当然，我并不想为大理代言，因为每个地方，都有适合它的人，就像你和谁恋爱、养哪只狗一样，万事万物都讲个缘分。我只想谈一谈这场看起来十分巨大的改变，对我的改变。

在之前的很多年，我都是埋头赶路的人，我没有什么心情去看每一朵云。在刚刚迁居、生活一团糟的那些日子里，我甚至很不能理解为什么朋友们那么痴迷云彩。我跟他们说，我对云没有兴趣。确实也是，之前的我即便出去旅行，看到云也和看到一块肥皂的感觉没有太大区别。它就像从我的眼球擦过一样，我好像切切实实看见它了，一团一团的、卷曲的，但它和万事万物一样，我看见它们，然后它们擦过我的眼球，然后我头一转就跟它们永别了，它们没有走进并住到我的心里。而当我能时不时抬头欣赏一朵云，每天都能给自己泡一壶茶；当我和孩子一起上下学，路上我们还可以很自在地唱一路的歌；当我不再时不时必须要去购物、必须要去大吃一顿、必须要去打一场持续 12 个小时的麻将……我知道有些东西已经不一样了。

那时候的我为什么有那么多的物质欲望，那么多需要大快朵颐的时刻，为什么要必须强迫自己集中于玩乐才能什么事情都不想？其实就是因为埋头赶路的压力太大了，我无法平衡，必须得找个出口。

回头来审视我和火娃成为母子的这些年，我曾经以为，对比已经活成社会新闻的很多妈妈，我已经做得很够了。我曾经听说有一个家庭里有一个孩子，从小不说话，就像木头人一样。听到这个故事的时候，我还不知道“自闭症”这三个字。后来有了火娃，突然想起这件事，我想，那个孩子应该就是一个得了重度自闭症的孩子了。

父母嫌他丢脸，将他一个人丢在上锁的顶楼，每天只有奶奶给他送饭。家人对所有的亲人宣称，他已经得急病死了。随着时间渐渐过去，更多的人已经忘记他曾经活在这个世界上，所有人都认为这个家庭只有一个孩子，那就是父母后来生的弟弟。后来，奶奶生病了，没办法每天去给他送饭，他就真的一个人静静地死在了顶楼。在一个漆黑的夜里，他被父母偷偷运出家门，埋在了高高的山上，没有坟墓，更没有墓碑。

一切都被掩盖，就像从来没有发生过一样，就像他的出生、长大、死亡，如流星一般。这件事，虽然被夜晚路过的邻居撞见，但是，他们达成了默契。这个孩子，最后成了一个大家会在背后议论，却从来没有被证实的秘密。这当然是个极端案例。但是，以各种形式被父母放弃、漠视的特殊孩子，真是不少见的。

以前，为了给火娃找学校，我去过重庆的很多机构。记得有一家是除了走读、一周接送一次的寄宿，还有一个月的寄宿，和一年一次长期托管的。我告诉自己不要轻易评判，但是，当老师偷偷告诉我，那几个被长期托管的孩子，其实早已经被父母放弃的时候，我很难心平气和地告诉自己：每个人有每个人的难处。

我看着一个大约七八岁的孩子，坐在院子最边缘的栅栏边，衣服旧旧的，脸上一点儿表情都没有。当时，我内心是痛到底的，我觉得，这人间真的好苦啊。

我只能忍住要夺眶而出的泪水，紧紧牵住火娃的小手。谁说他这辈子注定艰难？他上辈子应该是做了很多的好事，所以此生才能投胎投得这么好吧。

那时，我是真的觉得，我做得很好了。当然，以那时的我来说，那确实是我能提供的最好的。但是，对比现在的我和他来看，我会觉得那时也是很不够的。因为在从前，我内心里有很大一部分在秉持着“我要成为一个负责任的母亲”，而一段关系一旦“责任”加身，人就已经被消耗了，就跟“坚强”一样。

有一次，一个读者来大理看我，她讲到从她还是个婴孩的时候，父亲就移情别恋没再管过她们母女。从此，母亲一个人拉扯她长大，拒绝再婚，甚至拒绝恋爱。在很多亲戚的眼里，她的母亲是最负责、最坚强、最伟大的。

这当然无可厚非。可是，她还说，这种巨大的牺牲在长达 20 多年的日子里，时常把她压得喘不过气来。那是一种极强烈的负罪感。从小到大，母亲做的所有的牺牲，似乎都在提醒她：你看我为你付出了多少。每次她做错事，即便只是放学的时候和同学在路上玩儿晚了一点儿，母亲的痛骂中都必然有一句——“我为你做牛做马，你怎么这么不争气！”

最可怕的是每年各种节庆的家族聚会，每个亲戚都在变着法儿一遍一遍地告诉她：“你看你妈对你多好，你以后一定要对你妈好一点儿。”所以，她从小就学会了隐藏自己的一切情绪，不撒娇也不生气，她是一个令母亲极其欣慰的“懂事”的好孩子。

她很坦诚地跟我说：“其实我每次看到我妈被亲戚夸，就特别自豪的时候，都觉得她很可悲。我的理智告诉我：我要感激她，我要报恩；可是我的情感告诉我：我讨厌，甚至痛恨她的表情。”

她的第一个也是唯一一个男朋友跟她是高中同学，生长在另一种不幸福的家庭里，爸妈常年打得鸡飞狗跳。他们约好要考上同一所大学，要组建一个“比我们自己的家庭好一万倍”的新家庭。可是被她妈妈发现了。在高考没剩几天的时候，她闯进学校大闹教室，咒骂那个男孩。前一晚，她刚刚诅咒完自己的女儿。

那一年男孩只考上个三本。她听同学说他无心复读，以他的条件，复读是绝对没问题的。她知道如果自己去劝他，事情也许会不一样。可她那时懦弱了，她选择继续做一个好孩子。从此，他们失去了联系。她再也没有谈过恋爱，她觉得自己是个灾星。

这是一个普通的孩子面对母亲的“牺牲”的故事。

我一直认为，特殊的孩子并不是没有感情的人，他们很多时候甚至比普通人更加敏锐。当父母为孩子牺牲太多的时候，那种“是没用的我毁掉了你的人生”的负罪感，孩子都领会得到的，他们只是无法表达。所以，为孩子做了什么，不是最重要的。在做这些的过程里，父母是真的心甘情愿、很享受地去做，还是靠着“坚强”“牺牲”的动力在做，带给孩子的感觉是完全不一样的。

你有光，孩子才会开心地跟随你的方向。

我是搬了家、和孩子一起过了另一种生活才知道，母子关系可以如此轻松、惬意。我根本意识不到我需要责任，我们只是一起玩儿、一起生活就可以了。

所以，当我们提到“坚强”时应该想到什么呢？也许就是向内看一看这两个字的背后，到底代表我们软弱在什么地方吧。

当抱团取暖的时候，我们要警惕的事

曾经有一个朋友，在他要来我家之前我就很犹豫，但我又很想看一看，他本人是不是我想象中的那一种人。之前他在微信上说的一些话，让我感觉有些不舒服。他也是我微信里至少一千个特殊家长中的一个——这些年，因为几篇发在公众号上的关于我和火娃的故事，还有分享治疗教育学习感想的文章，不知不觉间就加了这么多人，并和其中的不少人成了朋友。

从加了好友开始，他就不断给我发孩子的各种照片、视频，告诉我孩子的情况非常好，“今天孩子的作业完成得特别好”“这次考试孩子几乎每门都是满分”“我们马上要坐飞机去美国玩儿了”“我孩子画的画是不是特别棒”。

每次我都热情地鼓掌，我是真的觉得这样特别特别好，如果每个特殊家长都能这样接纳自己的孩子，觉得孩子特别棒，那还有什么可焦虑的呢？天塌下来当被子盖喽！真应该多一些这样的人来分享他们的喜悦，告诉更多的人：只要你愿意换一个角度来看，一切都没有那么糟糕。

但是，渐渐地，画风有些变了。首先是他开始特别关注火娃。比如，秀完孩子的作业，我表达完欣赏，他会问：“火娃最近怎么样呢？”

“他连笔都还不怎么会用呢。”

“哦，那你是要多操点儿心。”

接着又开始讲：“孩子缠着我要听故事呢，我去讲啦！”

我说：“多好，快去快去！”

他：“火娃会听故事吗？”

我：“呃……还是会的。”

他：“哦，那还算好。我认识有些孩子，连故事都不听的。”

咦……好像哪里变得怪怪的，有没有？

后来，他在说自己的孩子时，开始说其他认识的孩子了。

“我们家孩子的平衡能力还挺好的，你看这是他走花台（他给我发了个视频）。我认识一个孩子，真是可怕得很啊！路都走不稳，六七岁了走路还要撞墙，而且撞了墙还要发脾气，自己再去撞几下，你说可怕不可怕？”

我：“不觉得可怕呀。从小大人不就教我们，走路摔倒了，不是我们的问题，是地的问题，要去踩一踩的吗？”

他：“我觉得他是神经有问题，痛觉神经有问题，撞墙多疼啊。”

我：“即便痛觉神经真的不发达，自己去探索一下疼痛的感觉也是好的吧。也可能他只是在感受边界，甚至他只是觉得这样很好玩儿。也许没有大人想的那么复杂。”

那时，我还是在努力地克制。我这个人哪，背后说人坏话一套一套的（还会把人写到书里），当面就很难不给人台阶下。后来，又有一次，他说：“上次我看到一个孩子，12 岁了，估计是小时候大人给他吃药吃多了，现在提前进入青春期，情绪问题严重得很！家长也不引起重视！我的孩子将来要这样，我就把他关起来不让他见人，我是受不了的。”

这一次，终于到了我的极限了。我说：“你选择怎么对待你的孩子，那是你的事，别人无权干涉。但是，你在谈论的这个 12 岁的孩子，是别人的孩子，也是一个在很艰难很艰难地努力长大的特殊孩子。你自己的孩子也是不一样的，己所不欲勿施于人的道理你总归是懂的吧？而且，他的父母是否引起重视，不是你见了一面就可以轻率下结论的事。我不喜欢听到你在背后这样去评判他人。”

他很尴尬：“没有没有，我倒也不是这个意思。向你学习，向你学习。”还附带打了两朵玫瑰花。谁稀罕他这两朵假玫瑰花。

按说到了这一步，大家就没什么继续交流的必要了。但是，一个月后到了小长假，他说要带孩子来我家“拜访”我，他认为我们要“抱团取暖”。

到底见不见呢？我一开始肯定是不想见的。因为据我初步判断，第一，我觉得他是一个习惯对他人有太多评判的人；第二，我觉得他的攀比心实在太严重了，他一直在找比他的孩子“更差”的孩子，从他们身上寻找存在感。这一点着实让我不能忍。至少，这是一个没有眼力见儿的人。我都表现得对他那么抗拒了，他怎么还是要坚持见面呢？

但我又想了想，觉得这未必不是我对他的一种评判，所以我便答应了见面。当然，如果万一我的判断是真的，我也不想让火娃去接受一个不知道哪儿来的陌生人的指手画脚，所以我让我爸妈带着火娃去朋友的客栈玩儿了，我不打电话不准回家。

来之前他隆重地介绍了一下自己，某某公司的总监，还让我去网上搜索一下，指导我要用什么样的关键词："可以直接看到我们公司和我的个人介绍。"当然，我并没有去看。不是针对他，而是我不是很喜欢预设一些东西，我也没有被他人的身份标签等等影响自己的判断的习惯。就像我从来不会因为某部电影评价不太好，就认为这部电影不值得一看，只要是我感兴趣的题材，我都会先去看一看，再来说我自己的真实想法。

来过我家的陌生朋友，不管是相遇的普通人还是特殊家长，都知道我这一点，我从来不事先打听他是做什么的，甚至，我都不主动去打听孩子是什么情况，他要给我介绍，我就听着，仅此而已。相比身份、资历……我比较相信自己的感觉，更相信人的气场相投，可以超越很多标签。所以，从小到大，我的朋友都是三教九流，形形色色，什么人都有。"仗义每多屠狗辈"这句话有时候是很有道理的。

那一天的见面，最后果真只能用"尴尬到死"来形容。

我让他的孩子选了一些玩具，送他到游戏房，我们就开始坐下来喝茶了。寒暄过后，就开始了尴尬的对谈。

他："你以前是做什么的啊？"

"在报社工作。"

"哎呀，那你很有才华呀！我做这一行啊，就是累（此处省略他洋洋洒洒地谈论自己的工作有多么高端，并隐晦地说明自己刚刚买了一套有大露台的大房子）。那你现在靠什么生活啊？"

"网上卖点土特产，再写写稿子。"

他确认了一下是微店还是淘宝："哎呀，那你很累啊！你这妈妈当得也是够伟大的（环顾四周）。可惜你的孩子不在，想看看你的孩子是什么情况。我看你的孩子这样，你也不愁哈？”

我喝了一口茶：“还好吧。”

“是真的不愁吗？”

我失笑，只能说：“愁也没用嘛，是不是？”

他哈哈大笑起来：“这话倒是不错。我以前愁，现在也不愁了。孩子现在还不错，在课堂上基本能跟得上，还能举手回答问题了，加减没问题，乘除还要费点儿劲。”

我笑了笑，继续喝茶。他看我没反应，接着说：“还是你们在家上学的好啊，我们这孩子上普通学校，孩子累，家长也累。”

我……我是真的不知道该怎么接了。接下来还有呢。他问：“你就这样自己教啊？但是你不是专业的老师，你不怕不会教啊？你觉得最近孩子有进步吗？我就不行，我是真教不了他，主要也忙。”

我稳定了一下心神，说我学过治疗教育，自己的孩子还是知道怎么教的，即便有缺憾，那也是没有办法的事，两害相权取其轻吧。我没说的是，我和同学兼好友K、L有一个共识就是：我们拥有的知识不是太少，恰恰是太多了，剩下最重要的其实是“做”，即便做到十分之一，甚至二十分之一，孩子都会一点儿一点儿进步的。

他瞪圆了眼睛：“你还学过治疗教育啊？！那你很爱学习啊！”

我无言以对。

都看出问题在哪里了吧？他其实对我一无所知，他虽然是看了网上的文章后来找我的，但显而易见，他并没有看得很仔细。他对我的一系列提问，包括我从前的职业经历、我学习治疗教育的过程、我和孩子大概过着什么样的生活，其实在我的文章和我的朋友圈里都写得清清楚楚。但是，他一点儿都不关心，他根本不管他来“拜访”的是什么人，他只看到了他想看到的东西——他觉得从我的描述当中，看得出来火娃应该比他的孩子要“差”很多，这是来找存在感了。

我不知道他过去经历了什么，但莫名地，我对在我家的游戏房里默默玩耍的那个孩子，有了一些怜惜。有这样老是要横向对比、要求特殊孩子要“最近有明显进步”的老爸，他在普通学校里应该过得其实没有爸爸描述得那样好吧。很多家长都应该知道，教小孩是没有那么快的，很多进步，要付出极大的心力，要极为耐心地等待，有时候你都会怀疑自己到底是不是在做无用功，才会在某一天终于来到的（当然也有很多很多时候，真的不会来到）。他们没有那么多可以拿来炫耀的“最近”的进步。

那一天我真是感慨万千。很多人会安慰我说：你有一个特殊的孩子，孩子体会不到竞争的压力，这样多好。是的，原本是很好的，这未尝不是他们甚至是我们的福气，但是大家忘了一个很现实的事是：孩子的家长是有竞争压力的。而且，目前我看到的很多家长，他们的竞争、攀比，真是一点儿都不输的。

自己的孩子好不容易学会了数数，扭头一看，人家都会加法了，心急如焚：“你还不给我坐下！赶紧给我学习！你又在吃！吃什么吃，你是猪吗？！”等会了加法，总会看到还有一个孩子已经在做乘除了；等会了乘除，我的娘啊不得了，那家的孩子已经在拉小提琴了！！！“你们以前可是在一个机构训练的啊，这同一个战壕怎么出了你这么个歪瓜裂枣！”

觉得自己的娃最差，这是一种，另一种是觉得自己的娃最棒。“你们家娃没有情绪问题，那又怎样，我们家的会画画，你们家的不会；你们家娃会画画，那又怎样，我们家的会弹钢琴，你们家的不会；你们家娃会弹钢琴，那又怎样，我们家的已经上普通小学了，你们家的不行；你们家娃上普通小学了，那又怎样，考试都不计入考核的，最多读到三年级就不得了了，我们家的至少开心啊，你们家的开心吗；你们家娃开心又怎样，我们家的长得好看；你们家娃长得好看又怎样，我们家的没有情绪，还会画画……”

真是很想念一首《七步诗》呢，“都是特殊娃，相煎何太急啊！”，你说怎么抱团取暖？就因为都有特殊孩子，本来早已在各个分叉口越走越远的成年人，就可以自然相通亲如一家了？那是不可能的，都是假象。

两个特殊孩子的家长能够成为朋友，或者说能够抱团取暖，孩子们只能是锦上添花的催化剂，这样的两个人，即便没有共同的境遇作为媒介，一样可以成为朋友的。反之，如果大人们本身观念、脾性、追求等完全不合，勉强因为孩子来抱个团，最后也只会渐行渐远，甚至演变成指责大战也是不少见的。

我想，衡量抱团取暖到底能不能够成功，要看两个成年人在一起，是不是只能谈论怎么去“干预”孩子？是不是除了这个话题没法交心谈很多其他的东西？你的人生选择、你的童年阴影、你的感情困惑、你对人生意义的思考、你的梦想……你愿意分享给对方吗？还是说大家即便面对面坐着，中间也像隔了《穹顶之下》里那个巨大的透明罩？甚至，是不是连谈论孩子的时候，大家都只是表面敷衍迎合，背地里根本不认同对方所做的努力?

如果是这样，那这个抱团就只是形式而已吧，它只会在热闹的欢聚之后，让你觉得更孤单了。又或者说，当我们根本意识不到“抱团取暖”这四个字，当我们在一起时会时不时忘记大家都有一个特殊孩子，而仅仅只是把对方当作很好的朋友的时候，才能真正温暖到彼此吧。

给二胎妈妈们的几个建议

有个妈妈最近为了两个孩子的事情来求助于我：她女儿9岁，儿子3岁，势同水火。爸爸觉得他们只是孩子，基本靠吼来镇压；妈妈除了让姐弟俩吃饱穿暖，对教育无能为力，最初她靠绝对的平均主义来缓和矛盾，所以很长一段时间，她学龄的女儿还在跟小6岁的弟弟一样用奶瓶喝婴儿牛奶。

女儿的情况是边缘自闭，算是非常轻微的，随着年龄的增长，她的情况越来越好，已经基本能随班就读。生弟弟有两个目的，第一是爸爸真的很想要一个“健康”的孩子；第二也是特殊家长们普遍都会想到的，生一个弟弟或妹妹来照顾大的。

我也不知道有多少个特殊家长来问过我“要不要生二胎”这个问题。他们最大的纠结当然是集中在：“万一运气就有那么差，下一个又是特殊孩子呢？”

只可惜，对此我并没有什么发言权。我和火娃的爸爸离婚的导火索，其实就是因为他很想要个二胎。那天早上，他突然问我，可不可以正式考虑一下生二胎。他给我的说法是“很想享受一下普通孩子带来的乐趣”。

我没有回答，只是默默地出门去上班。那天，坐在办公室，我几乎什么也没干，只是在想，是不是终于到了要将这一段历程结束的时候了。

他内心是爱火娃的，但是在实际行动上，其实我并不认可他这些年来身为一个爸爸的工作。生二胎这件事，我理解为是一种逃避。

在我们还没有搬到大理来的时候，小区里的老太太最爱这样逗散步的火娃："火娃，你爸爸长什么样子啊？为什么我们从来没有看见过他带你出来玩儿啊？"

我不知道那个时候火娃听不听得懂，他总是默默地自己玩儿，但我知道，他和爸爸的感情向来很平淡。爸爸如果出差，他不会想念他。视频的时候如果是看见小姨，他会高兴得去吻屏幕，而看见爸爸，是连一丁点儿笑容都不会有的，他会打哈欠。

像某些小区老太太那种随口就问的老人，其实充满了她们自己都不能察觉的可怕恶意——养育一个特殊孩子，你会看到很多很多这样的人。但我不能当着孩子的面去和她们争吵，我会选择非常冷漠地直接带着孩子离开。

但是，从另一个角度看，就可以知道在我们那个家庭里，爸爸缺席到了什么样的地步。如果他能把火娃带得非常好，我会觉得，冒一定的风险是值得的，即便再生下一个孩子真的有问题，那又怎样呢？我知道他是一个面对问题就能解决问题的人，这就够了。但是，如果没有对第一个孩子非常负责任，而仅仅是想要一个"更好的孩子"，这是我无法接受的。何况我们的感情早就淡了，淡到他在外地工作差不多两年，我觉得生活里没有这个人一点儿问题都没有的地步。

我们几乎从来不吵架。在朋友眼里，我们是模范夫妻，这就是为什么得知我们离婚之后，还有人到中年的男性朋友半夜喝醉了打电话哭着问我："你们感情这么好，为什么要离婚？"他不知道的是，不吵架不是因为感情好，而是因为我们已经淡到完全没有期待。

那天晚上我回家，一切如常。当家人睡下，我拿了一包烟一个烟灰缸，放到床边，对他说："来吧，我们聊聊。"他问我是不是要聊关于二胎的事情，我则点上一支烟，深吸一口气，说："我想离婚。"这句话话音还未落，我的眼泪已汹涌而下。10 年的婚姻，我在一天之内考虑清楚并迅速做了决定。对于此时的眼泪，我很确定我并非有什么不舍。我哭的只是流淌到再也看不见的远方的、一去不复返的岁月。

现在，身为一个单亲妈妈，我就更没资格给出什么建议了，毕竟，我得先给孩子找到一个爸爸。所以，我无法以一个成功母亲的身份来分享什么，事实上我很怀疑母亲们是否真的会懂孩子们怎么想，还是家里看起来风平浪静就觉得自己已经很成功了。我曾经是一个家庭里的长女。我有一个朋友，他是一个家庭里的小儿子。我们代表了矛盾的双方，也许听一听长大之后的我们如何回头来看小时候，可以让妈妈们有一些借鉴。

那是几年前，我去北京签我前两本书的出版合同，他是出版公司的老板。晚饭后他带着我穿过公园，送我回另一边的酒店。那时我们都 30 多岁了，但是偶然聊到家庭，我发现我们都还活在小时候。

这是第一个需要妈妈们警醒的地方，不要觉得"长大了就好了"。所有在童年里没有得到足够支持的孩子都会尤其渴望长大，他们也以为长大了就好了。可是没有那么简单，所以，问题发生的时候就是解决问题最好的时候。

我小时候认为父母偏爱妹妹，可能因为我年长，身体也更强壮，他们觉得我不需要那么多关爱。我从小习惯于表现得特别独立和能干。我以为变成一个懂事的孩子，会得到他们多一些的爱。可是，那样只让我更不得宠，因为，父母可能会觉得：你既然都这么能干了，那不妨对你要求更多一点儿。

这是第二个需要妈妈们警醒的地方，如果你的孩子特别懂事，千万别忙着炫耀，请一定对他们更多地关注，要知道乖孩子的伤永远是最多的。如果你的孩子还处于索爱的时段，不要觉得他们不懂事，要知道，这是因为他们还信任你，他们还能在你面前表达自己的意愿，你要做的只是让他们得到他们想要的对爱的确认，请多一些和他们单独相处的时间，和他们的心去对话。不要让孩子带着怨恨，成为很独立却孤单的人。

而他身为一个被宠爱的小儿子，对此却是这样说的："我有无数次想跟我爸妈说，我求求你们不要对我这么好，我不需要！你们对我的偏爱就是在挑拨离间！我求你们去看看姐姐！看看我唯一的亲姐姐居然从小到大都只想整我，看看我这一生因此过得多么痛苦！"他说，他姐姐整了他几十年，童年时的殴打、陷害之类当然都一概不缺，长大之后他们各自发展成老板，又用商场的方式来整他，互撂狠话甚至打架是家常便饭。

讲到那些往事，他躺在公园的长椅上望着夜空哈哈大笑，我觉得他笑得好伤心啊。但是，他很坚定地说，他崇拜姐姐，他爱她，他这辈子最大的愿望，就是她也能爱他。

你看，在一个不平衡的家庭里，没有人能独善其身，所有人得到的痛苦只是形式不同而已，嫉妒有嫉妒的痛，被忽略有被忽略的痛，看起来得到宠爱的人，也有他们的痛。

因为对于大孩子来说，他们出生时面对的是父母，他们想得到的也是父母的爱。对于小孩子来讲，他们出生时的世界里是既有父母也有哥哥姐姐的，他们想得到的爱，是来自所有人的，缺少任何一个都是巨大的伤口——这就是第三个需要父母们警醒的地方。

我就是因为明白了这个，所以才能如此坦率地写这样的文章。很多年里我对童年都耿耿于怀。我和我妹妹真正心灵相通、毫无芥蒂，其实是后来短短数年，我们共同面对了很多事，而她也很自信地向我展现了她作为一个成年人的智慧后才达到的。她不再是让我嫉妒的妹妹，她成了我非常重要的朋友，是我最信任的那个人。

这就是最后我要分享的：即便很遗憾，所有的问题都没有在最好的时机去解决，但只要活着，一切都不是终点，永远不要拒绝变化、拒绝长大。不要一直回望小时候啊。

第四章

我们和世界：世界是所有人的

法器一般的儿童

在这么多年带着孩子和这个世界打交道的过程中，我发现孩子就像某种法器，他可以直接照见和他接触的人内心丰盈在哪里，缺失又在哪里。

有一次，我们在一个海边的公园玩儿。那个公园在临海的地方有非常多的石头和废弃的水泥板，水泥板没有任何规则地摆放着，有些已经断裂，里面的钢筋都翘起来了；有些长了很多青苔，看起来确实有一点儿危险。但是火娃的平衡能力不错，危险意识也很好，而且我评估了一下后果，即便真的掉进去，以边缘的水深看来也不会立刻淹着，掉到陆地的那一边就更轻松了，几枚创可贴就可以搞定，连衣服都不用换。所以，当他想在那些石头和水泥板上往前走的时候，我当然就允许了。

一路上真是千人千面。

有老太太毫不犹豫地大声帮我训斥他："你这孩子怎么这么皮！你太皮了！"回过头来看我只是笑着，没有任何承她好意的意思，不满地又说了一遍："你这孩子太皮了！"这么紧绷又没有界限感的老人，如果有儿孙，应该是很不讨喜的吧。那天她也确实是独自一人，带着满满怨气气呼呼地走了。希望她的余生能活得轻松一些。

有拉着手的年轻情侣一直看着他笑，说："这个小男孩长得好帅啊。"走过去了还回过头，看见他差一点儿滑下去又马上抓住一根摇晃的树枝迅速把握住了平衡，脸上浮现出近乎宠溺的神情，笑出声来。爱情真是个好东西啊，就像隐形的天线，看得见一切可乐的东西，或者说看见什么都可乐呢。

有一群大概初中生模样的男孩子笑着对他吹口哨，我觉得那个口哨想表达的是："嘿！哥儿们，很爽吧？我们懂你！"火娃很明显接收到了这个友好的讯息，他站在石头上开心地对我笑了笑，并给自己鼓起掌来。

有年轻的爸爸问坐在肩头的小女儿："哇，你看哥哥爬得好高！你想去吗？"小女儿欢快地说："想！"爸爸笑起来："那你要乖乖吃饭，长得再大一点儿就可以去啦！"嗯，等再大一点儿，希望可以有缘再见。

有一个年纪比火娃小一些的男孩子最令我印象深刻，他回头看身后的树林，又看看我，最后很夸张地冲着火娃叫："哥哥，这个很危险！你会摔死的！快下来！"我想，树林里那三三两两闲坐的人中，应该有他的家人，这些话是他说给家人听的。但我明明从他的眼睛里，看到了一种艳羡和渴望。他的内心其实是很想像火娃一样，做一些看起来很危险的动作，挑战一下自己的能力的。

我走到离他两步远的地方，背对着树林，偷偷对他眨了下眼睛，小声问他："你想去吗？"他很警惕地大声回答："不想！因为这很危险！"我被逗得笑了起来："你怎么这么一身正气！"希望他会背着爸爸妈妈做一些自己真正想去试一试的事。

只是一次路过，都能照见这么多，那就更不用说和火娃打了快 9 年交道的我了。曾经，火娃照见的我，是一个恐惧、焦虑、无知、懒惰的人。刚知道火娃是自闭谱系的那些年，我看了很多关于特殊孩子的家长应该怎么活着的文章，现在想来我是选择性地只看了自己想看的部分。

我知道不能把孩子完全托付给任何一个机构，最终最大的疗愈来自父母自己的成长；我也知道父母不能为孩子完全牺牲，变成一个没有自我的人——其实这两者是完全不矛盾的，就像我眼下在大理的生活。但是，当时，我选择只看到后者。我精进于自己的工作，我确实很自豪自己曾经把工作做得很不错。我也正常地去社交，对，我曾经很擅长打麻将，创造了一个月内打 8 场赢 8 场的纪录。对于如何在生活里引导火娃，我却一无所知，全凭本能。幸亏那十几年我做情感主编，工作的内容接近于心理咨询，还是国家二级心理咨询师，我的本能也还不算坏。

回过头来看当年，我选择性地吸收，其实就是因为我的恐惧和焦虑，我害怕“自闭症”这个炸弹完全毁掉我的生活，于是选择把它放在别处。而恐惧和焦虑则来源于我的无知。我拒绝学习——我拥有一个自闭症的儿子，我却对自闭症太不了解了。这种无知加深了恐惧的等级。

后来，当我开始系统地学习治疗教育的时候，当我不仅对自闭症，而且是对“人”有了更深层的了解，而且运用这些了解去带领火娃并实实在在地看到他的成长的时候，我似乎一下子就通泰了，我知道了他的“不同”，接受了他的“不同”，我需要做的只是带领这种“不同”。此后，所有的焦虑和恐惧都消失不见了，这就是认知升级带来的好处。

当一个人的智慧和认知到了不同级别，他们能看到和能理解到的东西就真的是不一样的。人常说世界就是心的显化。而心并非无源之水，它能照出怎样的世界，全在于你能用你的认知将它填充到多丰盈吧。

不过，当遇到太多知识特别丰富然而还是活得特别特别紧绷的父母时，我也会想，单单对自闭症这件事情的认知升级，对父母们来说，似乎是远远不够的。

我认识一个妈妈，她没有读过太多的书，自从孩子被发现是谱系障碍开始，也基本没有上过班。她其实对自闭症本身是不太懂的，但是接触下来，她令我有一种大智若愚的感觉。在聊到孩子的情况时，她说："他就是一只鸡，我怎么能让他变成一只凤凰呢。"

说完又被自己逗笑了："我生了一只鸡，哈哈哈哈哈。"

这就是"接纳"啊。在她这里，接纳似乎不是需要不断地说服自己、不断给自己加油才能达到的一种"认命"的状态。而是，她从内心并不觉得做"一只鸡"有什么不对——你是鸡，那你就过鸡的日子就好了嘛！你可以努力成为一只肉质特别可口的鸡呀！

她的孩子自理能力特别好，从小就是自己的事情自己做，吃饭、穿衣、打扫屋子，还做饭。我问她是怎么训练的，她的表情很萌的样子："我没有训练啊，我就是懒，我以前做姑娘时就不大会做事。你得了病你就不得了啊？那不行，你是人，我也是人。"当时把我笑得，但是又觉得这位姐姐真的是有大智慧，放庙里这就是"扫地僧"啊。这段话可以提炼出几个特别关键的点：

第一，她根本没把他当病人。在她眼里，他是个平等的"人"：你即便真的有病，你也首先是个"人"。人该做的事情，你就得自己做。

第二，她相信他一定能做得到。信任是多难的事啊！至少我以前做得非常不好，我一次又一次低估火娃，低估就是不信任嘛。可在她那儿，信任是自然的：你说你不行？那怎么可能，你一定行！

第三，她懒。不是常有人说懒妈教出勤快儿子吗？懒是一种放手，而放手需要克制。这点我就不行，我太能干又太急躁了（我不是吹，我真的上得厅堂下得厨房）……很多时候我就是懒不下来啊，我控制不了自己蠢蠢欲动的双手，我没有那个耐心等着火娃慢慢来。可能在这位姐姐那里，孩子把土豆丝切成土豆棒也是没关系的，大不了多嚼两下嘛，没熟就吐出来嘛，多干几次手感自然就会越来越好的。但放在我这里我就要崩溃了，就得拖着火娃再来一遍、两遍，甚至三四遍，这时就要换他崩溃了……

有一天，和朋友吃饭，饭后带着火娃去田里散步，看到相邻的两块地，一块地的菜长得特别好，另一块地就特别怪，有的菜特别不精神，有的菜又大到可怕。朋友做农耕，一眼就看出来那块地的土不对，估计下面埋了不少建筑垃圾。

我突然脑子里就“叮”一声，很多混沌的东西似乎都清晰了。对于具体知识的认知（比如自闭症），可能就像一株植物，而这株植物能不能发挥出身为一株植物的价值，取决于它脚下的泥土。一株没有那么强壮的植物，可以在肥沃的泥土中越长越质地紧密；而一株看起来再茁壮的植物，如果长在根基不健康的土里，它也是营养缺缺甚至对人有害的——人的智慧、人的心胸、人看待生活和思考问题的角度，才是最终决定一切的泥土。

你看，这就是法器一般的儿童，照见成人去领悟自己的事。

请不要轻率地给别的家长建议

身为家长，身边无数的人都在给予我们关心和建议：亲戚、年长的朋友、别人家的妈妈，甚至小区的老太太们……但有些关心是真的让人承受不起。好不容易写一本书，我就借着这个机会来说说，特殊家长们最不喜欢听到什么样的话。

我们最不喜欢听到的话大概就是类似“是不是不怎么带孩子出去玩儿啊”或者“多带孩子出去玩儿玩儿就好了”。多带孩子出去玩儿当然是没错的。但是这些话，说得好像自闭症就是因为把他们关在家里才“得病”似的。

火娃从 10 个月开始第一次跟着大人出去旅行，写这篇文章的时候我算了一下，他已经去过 30 多座城市了，基本上只要不特别冷门的交通工具（比如潜艇或者小毛驴），他都坐过了。前不久还跟我去了一趟马来西亚，自己背所有的行李，除了要去游泳的时候表现过于急切，其他时间都甜蜜而乖巧，听从所有的安排。我向来坚持的一点是：每年，我都必须保证至少一次单独旅行，那是属于我的喘息时间。

来到大理生活，又没有什么正经学上，我也没有什么朝九晚五的工作要做，以后他的足迹应该会比普通的人多很多吧。我只需要赚更多的旅费就可以了。

旅行的意义对一个特殊的孩子来说确实无法估量。至少，他们会变得比较自在，对环境的变化和陌生人没有那么多的抗拒。火娃的很多变化，都是在旅行的时候悄然发生的。比如，到 4 岁了也没有学会双脚跳的他，在我们在海南短居的那一个月，突然就会了。他偶然一次跳上了路边矮矮的花台，自己都被惊呆了。接下来的很多天，每到晚饭散步的时候，他就一个一个花台跳过去。他学会在公众场合不乱跑，随时关注大人有没有跟来，是我一个人带着他坐动车去成都，把他扔在洗手间外面守行李箱时练出来的。

当然，也会有运气不好的时候，一些可怕的事也会在旅行的时候发生。困扰火娃 4 年的对水的恐惧，就是他 3 岁的时候在深圳种下的阴影。那是一个夏天，从我们当时住的酒店的窗外，可以直接看到游泳池。他趴在窗边一直垂涎地看着，提了无数遍要求后，我同意了。那时，他还是一个非常迷恋水的孩子。

正午的游泳池，除了救生员，一个人都没有。他迫不及待地把自己脱得精光，坐在泳池边上，把两只脚放进去玩儿。我知道他玩儿水是很有安全意识的，而且救生员也过来了，在他旁边逗他玩儿，我就很安心地坐在了树荫下的椅子上。结果人为的意外就这样发生了，救生员突然把他整个提起来放到了水里，直接淹到了脖子，火娃马上恐惧地扑腾起来。

我吓得赶紧跑过去，冲着救生员大叫："赶紧把他拉起来，你疯了吗？！"

救生员睁大了眼睛："我以为他会游泳……"

我根本来不及跟这个脑子似乎被门夹了的救生员理论，因为火娃已经光着屁股，大哭着扭头跑进了酒店。

从此，火娃开始了对水长达 4 年的恐惧。到什么地步呢？如果他在喝水的时候把袖子打湿了一点儿，必须立刻把全身上下的衣服都换下来。从此，不管去多美的海边，他都是连沙滩都不下的，他会警惕地坐在离海边远远的树下，等着我们回去找他。

直到 7 岁来了大理，这个他命中注定的福地。安顿下来的第二天，他就掉进了洱海，就像突然长大了一般，他居然很自然地爬起来继续玩儿，而没有叫着要换衣服。不到三个月，他又接受了温泉泳池，虽然一开始在泳池边抗拒了一个多小时。最后还是因为那一天凄风苦雨实在太冷了，他从放进去一只脚暖暖身子开始，顺利地重新变成了 4 年前那个热爱玩儿水的小孩。

我想表达的就是：你可以对自闭症或者别的孩子完全不了解，但是千万不要太过轻率地给出一些随意的建议，因为这种建议背后是对家长们的一种轻易评判。如果多带孩子出去玩儿玩儿就会好，那自闭症根本不会成为全世界的顶尖科学家都依然没有对策，甚至找不出确切原因的一个病症了。

我听到的建议还有很多很多。比如："你要多陪陪他，多跟他说话。"大概是认为，只要你不是一个全职妈妈，没有把一天 24 小时都放在孩子身上，没有一天到晚跟他碎碎念，都不算达到"陪伴"的标准吧。

还有："你要教他。"那是火娃还蛮小的时候，有个人看见火娃还分不清鞋子的左右。说这句话的人是否了解过，不仅是我和我的家人，甚至是火娃，都经过了很久很久的努力才完全具备了一些常人几乎不用学习就能具备的能力呢？对很多人来说特别简单的事，对他们来说都要经过长久甚至终身的练习。我有一个朋友的孩子，第一次自己穿鞋就能分清左右，不用任何人教就可以拿笔写字，但是他长到快成年了，依然没有学会如何系鞋带。

还有："你还是要让他上学。"那时还没有小学愿意接收火娃。我真是不知说什么才好，首先，我并不觉得自己带他上课就是没有上学，至少火娃很清楚地知道自己在上学。如果得出"没有上学"的论断，是因为我没有让他进入一个同龄的班级，那我得说，这确实是迫不得已。因为中国的教育现状，让他没办法在公立学校得到必需的支持（没有资源教室，没有具有专业背景的辅助老师，也没有学校的整体人文环境可以让老师、家长和同学们认识到他们并不可怕）。私立学校即便愿意接收，但如果没有具备专业背景的老师，孩子得不到支持，那只会变成一个托管机构。让孩子上了 4 年幼儿园的我，太清楚"有学可上"并不代表万事大吉。

还有："好像说有药可以治疗的嘛，你可能还是要给孩子吃点药哦。"那一天我直接对着微信气笑了。嗯，我们都吃过药的。基本的常识是：父母一定会想尽办法去帮助自己的孩子。所以你闻所未闻的可怕的药，很多家庭可能都吃过。每个家长，只要带着孩子进过医院诊断，医院十有八九都会开药的，但是我暂时还没听说过哪个自闭症小孩就是吃了药然后治好了。药物可以治疗他们的部分症状，比如，如果有癫痫，那就需要吃治疗癫痫的药；如果有肠道问题，可能需要吃调节肠道的益生菌等。

还有一些是无关痛痒的安慰:“别担心，大器晚成！”“放心嘛，他大一点儿就会好了。”可是“好”的标准是什么？如果是变成一个像你我一样的普通人，我得说他不会的，他这一辈子都会和别人不一样。但是，关键是我并不担心啊……而且，我并没有期望他变成“一样”啊。对我来说，不管他能不能成为世俗标准中的“正常人”，我都爱他，都接纳他。我觉得如果他能一生都拥有温暖的笑容和安宁的内心，这一生不管对他还是对我，都足够了、值得了。

在很多人口中，小孩所有的问题都是大人的问题。我们可以接受的是“所有的教育都是自我教育”，但是如果说导致自闭症和那些自闭症症状的原因是大人，这个黑锅家长们背不起。的确有很多家长“看起来”做得还不够，“看起来”对孩子不太好，甚至“看起来”耽误了孩子的康复，但是，只是“看起来”。

芭芭拉在一次授课中曾经说过这样一段话:“请不要随便给家长们建议，更不要给出评判，因为每一个家长，在每一个兵荒马乱的早晨，都希望生活能够有一些不一样。”她是对我们这群有志于成为治疗教育老师的学生们说的，但我觉得这句话适用于所有人，不仅包括老师，也包括旁观者，甚至包括同为家长的人。

我们要对他人的生活保持基本的善意和基本的敬意。

一定要知道的是：即便很多人“看起来”还不够好，但是在突如其来的黑暗里，他们都在努力摸索着前进。真正完全放弃了的人，是不会让你看到他们的软弱无助和崩溃的，有那些情绪，恰恰代表他们正在与自己的情绪抗争。不管“看起来”对孩子是多么不温柔，他们一定也曾千万次地说服自己：这是我的孩子，我要接纳他，如果我都不能接纳，他会成为怎样的无根浮萍。他们一定也曾千万次地在对孩子表露出失望和嫌弃后，或者把火撒到孩子身上后，流着眼泪亲吻孩子熟睡的脸，对孩子说“对不起，我错了”。他们一定也曾千万次地问自己，自己到底做错了什么，要让自己的孩子代替自己接受惩罚。

“生下你，我很抱歉；让你经受白眼和欺凌，我很抱歉；你没有书念，我很抱歉；你前途无望，我很抱歉；我一定会比你先离开这个世界，可我还没有教会你如何照顾自己，我很抱歉，很抱歉，很抱歉……”特殊的家长们一直活在“抱歉”里，他们只是选择把眼泪流在大家看不见的地方。他们已经很久很久没有“温柔地走进那个良夜”了，因为他们也只是一个普通的人，和所有人一样，从小被妈妈抱在怀抱里，懵懵懂懂地长大，毕业工作，结婚生子。对这样的灾难，他们和所有人一样没有经验，他们需要时间，需要学习更多的知识、积攒更多的勇气来对抗恐惧。

所以，在对孩子们有更多善意之前，请对特殊家长们宽容一些，他们当中有一些非常棒的人，正在把自己家庭的灾难变成改变世界的涓涓细流。如果他们不求助，请不要再随便给出轻率的建议，特别是当你并不懂的时候。他们听到的建议实在已经太多太多了。请在他们因为孩子感到尴尬的时候，在时不时对未来有一些迷茫的时候，在信任你、向你诉说的时候，给一个善意的、支持的微笑。

这就够了，我们已经很感激了。

不看轻也不看重，这样就很好

有一天，有个朋友带着她 20 多岁的女儿来我家吃饭。她女儿行动有些不便，上下楼梯会走得比较艰难。我妈一见就忍不住心疼："哎哟，乖乖，你慢点儿走，不要着急。唉，可怜的乖乖。"晚上她们离开后，我妈又忍不住拉着我聊，说："她们也真是不容易，娃娃好可怜啊。"

我说："嗯。"但此刻我内心的自白是："我觉得还好呀。虽然孩子走得慢一点儿，可是他们看起来并不需要帮助，那我就让他们在后面慢慢走。"我不催，我多等一会儿，我侧身让出路来，我觉得这就可以了。

朋友带着她不会说话的儿子过来，我妈也是心疼得要死，一会儿心疼孩子这么大了还不会说话，一会儿心疼我的朋友带着这个孩子过得多难。

我说："嗯。"可是，我也觉得还好呀。那个孩子眼神清澈，虽然不会说话，但很有自己的主见，脑子是非常清楚的。而且很会自得其乐，其他的孩子们在做游戏，他就一屁股坐在旁边的地上，兴致勃勃地看着他们玩儿。他是那种不自怜自艾，会享受人生，懂得在路边鼓掌的人。

偶然跟一个朋友聊起这些事，我说我妈是很容易同情一个人的，每次看电视，看到五内俱焚，应该是真的发自内心地同情。但是为什么我很难去同情一个人，很难看一眼就怜悯一个人，很难觉得一个人过得很惨？这是不是代表我是一个缺乏爱心、并不善良的人呢？

这个多年的朋友说：我也是这样啊，不看轻也不看重，众生平等嘛。我想了想，是的。而且，己所不欲勿施于人，我不喜欢别人莫名其妙地同情我、怜悯我，于是我也不想这样去对待其他人。

在没有火娃之前，我应该不是这样“中庸”的人。那时我本身也太年轻，偏见和极端特别多，不是爱就是恨。但这几年随着火娃的长大，随着见到的人越来越多，我是真的这样觉得，每个人，都只是一个平等的“人”——我不看轻你，也不看重你。我平视你。我不是为了尊重你而去平视你，我就只是本能地平视你。平视背后是不以己度人，轻易断定别人那是很悲惨的甚至是不值得一过的人生。

我妈的同情，除了她的善良以外，更大的是一种恐惧吧。她代入了那个角色，觉得自己是承担不了的，于是她觉得别人也很难承担得了；她觉得自己遭遇这些后是绝对不会坦然和快乐的，于是也觉得别人的坦然和快乐八成是装出来的。

当然，身为一个特殊孩子，也确实是很难一开始就让人知道，不管乍看起来他有多“特殊”、多“可怜”，他必然也同时是一个有很多优点的人吧。但我觉得一个成熟的人应该有这样基本的判断：不管我了不了解一个人，不管我喜不喜欢一个人——人是肯定有喜好的，不喜欢没有必要说喜欢，但是一定要相信，他们一定不止一面。当我们抱着这样开放的心态，就会有机会看到不同人的很多特别的质感，他们构成了这个世界缤纷多彩的美妙。

一个没有念过什么书的自闭谱系的孩子，每晚沉迷写作，当你和他熟悉之后，会发现他还特有幽默感。一个因为拒绝进入教室，被好几所学校劝退的学生，最大的爱好是打非洲鼓，而且在路边看一会儿就可以回家打出一样的节奏。一个16岁了连10以内的加减法还都不会做的人，学起英语来居然可以完全不费力（于是我建议那不如干脆让他学英语版的数学）。一个7岁还不会说话的孩子，是活的GPS，不管去哪个纵横交错的陌生村子里，都可以到处看一看就找到回去的路。一个特别喜欢大喊大叫、总是坐不下来的孩子，只要一上屋顶，就变成了精神高度集中而且极其享受的跑酷达人，当然也不大喊大叫了，只是飞跃各个屋顶，一年总要吓跌几个陌路人。一个受不了嘈杂而远离人群的小孩，坐在草地最边上的水泥盖旁边，持续把捡来的一个高尔夫球扔到盖子上，弹起来，捉住，再扔上去，弹起来，捉住，一个多小时啊！看起来好刻板。结果仔细一听，人家不是随便扔的，每种扔法都有细微的差别，每种扔法都会用嘴巴给它打出节奏，“咚”“咚哒”“咚哒哒哒”……那是他一个人的音乐会。

这些可爱的方面，是要不下意识地看轻才能看得到的。

除了不看轻，不特别地看重也真的特别重要。在我眼中，作为一个“人”的平等，必须同时意味着我可以“不认同”你的某些方面，不管你是什么人。我不会因为你是一个特殊的人，就宽容你所有的行为，就“特别特别”照顾你。这种表面的看重，本质上也是一种看轻吧。

我有很多“不认同”火娃的时候。我发现当我可以“不认同”他的时候，才是真正接纳的开始。比如，火娃吃饭的时候总是会吃得满桌满地都是，这是很多自我没有很好入驻的孩子的通病，他们总是漂浮着，没办法好好集中精神去面对自己那一碗饭。一个声音，一只小虫子飞过，窗外的树叶摇动了一下，突然想起了某件事情……都足以让他们的意识飘走，于是，饭粒就满桌都是了。以前，我会觉得“你就只能这样了，还能怎样呢？随你便吧，能把自己喂饱就不错了”。看起来是很宽容大度的，但其实帮他收拾，或者只是看着那一桌饭粒，都挺“嫌弃”他的。后来，我在学校给他上课的时候，他吃饭和自由游戏的时间是和孩子们在一起的。我亲眼见到，老师们如何要求他“吃完后你要自己收拾桌面和地板”，不会有任何人帮他的。老师们会多给他一点儿时间，他可以磨蹭，可以中途突然忘记要做什么就跑出去，再把他叫回来就好了。但是，没有人会帮他。不管花多久，不管跑出去多少次，他都得回来完成自己的工作。

其实，我理解的意思就是：你可以犯错，每个人都会犯错；你可以“很难做到”，每个人都有自己眼下做不到的事。但是，你只要承担后果就好。不管你是什么样的人，你都得是一个能承担责任的人。我发现，当我和老师们一样，抛弃表面上的“宽容大度”，明确地告诉自己，也告诉火娃：我不接受，这其实才是真正接纳的开始。因为只有对他有要求、有原则的时候，才是真正把他当成了一个平等的“人”，而不仅仅只是一个“弱者”。适度的怜悯是一种可贵的仁慈，但过多的怜悯代表一种看轻，代表“我不相信你能做得到”。而且，孩子是会因为你对他的正当的、适度的要求，而感觉到被尊重的。

每天早上上学，我和火娃的第一项工作必然是“清洁教室”。吸尘器的声音会让他难受，那吸尘的工作就由我来做。他的手腕暂时没办法熟练使用扫把，而且地板没那么平，清扫确实有点难度，那扫地也由我来负责。那么他的工作就是从卫生间拿来水桶，接水，提进教室，擦干净所有的桌子、椅子、黑板。以前他也会跑、会闹，或者消极怠工，戳三下都不动一下，他以为我还跟以前一样，“你做不了呀，那我来帮你吧，省得跟你费口舌”。嘿嘿嘿，但是他显然忘了他的妈妈是个很追求进步的人呢。一旦有了清晰的意识，就绝对不会再被一个小屁孩轻易左右了。让他再也不逃不闹的那个最重要的转折点，说来很简单，但是也很难。

以前，我对付他的方式只是压制：“不行，你必须做！”但我发现他是不服气的。然后那一天，我搬了两把小椅子，面对面和他坐下好好谈了一下，非常地坚定，但非常地心平气和。

“你不想做清洁，是吧？”

“是的。”可能觉得还不能够强烈地表达自己的意愿，他盯着我的眼睛，郑重地说，“妈妈，我真的不想做清洁。”重音很明显放在“真的”两个字上。

我指了指课桌：“这个桌子，是谁在上面学习？”

“我在上面学习。”

“除了你，还有我，因为我在给你上课。这是我们都要用到的桌子。”我又指了指黑板：“谁在上面写字？”

“我在上面写字。”

“我也会和你一起写。所以这个黑板，也是我们都在用的。”我又指了指鞋柜：“鞋柜里装了什么东西？”

“拖鞋。”

“谁的拖鞋？”

“我的拖鞋。”

“还有我的。所以这个鞋柜也是我们都在用的，对不对？”

“对。”

“我用吸尘器吸灰尘的垫子，是我们用来睡午觉的，我们还在垫子上面做拼图游戏，它也是我们的游戏垫子。所以这个垫子也是……”

“我们都在用的。”

“是的。这个教室里的所有东西，都是我们一起用的，所以我们要照顾好它们。”

“要照顾好它们。”

“对。”我握住他的双手，凑近一点儿看着他的眼睛，很慢地说：“火娃，每个人都要工作，妈妈也有很多自己的工作，虽然很忙很累，但是我必须要完成，因为，那是我的工——作。你现在已经 8 岁了，你也必须完成你自——己——的——工——作。我相信你一定可以的。”

我清楚地记得他一脸“被镇住”的表情。我想他即便不能完全懂得我在说什么，但是他感觉到了我的正式、我的尊重和我温柔的坚定。不过以他的语言能力，他一时不知道怎么回答，于是我问了一句：“现在，你可以和我一起工作了吗？”

他马上一脸严肃：“可以！”

“你的工作是什么？”

“擦桌子！”他想了想又补充了一句，“还有擦椅子！”

我松开他的手，直起腰来，向他伸出右手，他下意识地握住。我说：“那我们就一起开始吧！合作愉快！”就这样，就这么简单。他此后也许会擦不干净需要重来，也许在拧毛巾时偷偷玩儿水以至于暂时忘记要干什么需要我提醒一下，也许会偷工减料从第一张椅子直接跳到第四张椅子……但是从来没有说过哪怕一次“我不要做”。

如果当时我就那样放过他，可能我一直都会默默地“嫌弃”他，觉得他怎么连这些也做不到吧。所以这也是我特别喜欢那种对火娃有原则、有要求的朋友的原因。

火娃敷衍地提出了要求：“要饼干，要饼干！”朋友听懂了，但是她认真地告诉他，她需要他把这句话完整地说出来。如果他不会，我会在旁边教他说：“阿姨，我想吃饼干。”

火娃把垃圾弄到了地上，虽然朋友可以随手捡起来，但是他们不会这样做。他得自己把它收拾起来，放到垃圾桶里。

火娃抢了朋友孩子的玩具，朋友不会因为他是客人就过多地迁就他说“你拿去玩吧，没关系”。他需要还回来，再好好地问：“我可以玩这个玩具吗？”

所有的一切，都是在生活的每一个细微之处告诉他：你要尊重你自己。不管在别人的眼里，你有多么差，多么特别，但你不能放任自流、破罐子破摔，你要尊重你自己。

说到“别人的眼里”，想起有一次一个妈妈来我家，她说隔壁邻居有一个和她家孩子年纪相当的小孩，本来是可以请他到家里一起玩儿的，当说到“可是他不喜欢我们家这个，努力了很多次都不行”时，突然哭了起来。

我问：“发生了什么欺凌之类的吗？”她说那倒没有，只是觉得孩子可怜。

我问：“你家孩子特别喜欢他吗？”她说那也没有，他本来就不喜欢和小朋友玩儿。

我记得我当时说的是：“如果有一个人不喜欢我，但只是勉强跟我玩儿，我是宁愿没有朋友的。他不喜欢我，不和我玩儿，我是感觉不到伤害的，因为他跟我没有关系。只有他明明不喜欢我，还和我玩儿，才会让我受伤。”我觉得那样勉强的关系，是对双方都不够尊重吧。邻居的孩子有权利选择自己喜欢的朋友，自己家的孩子即便是特殊的又怎样，他也有权利选择那些让自己感觉舒服的人，与他们待在一起啊。

如果有人根本不喜欢火娃，我觉得是完全没问题的。这个孩子本来就很奇怪嘛，老是叫他也不答应，又喜欢跑来跑去还自言自语，笑点又怪。如果有人不喜欢这样的孩子，不想和这个孩子接触，这个多正常！那些一见面就很喜欢火娃的人，和火娃一见面就很喜欢的成人，他们之间是有眼缘的，不是勉强来的。

我看到网上很多文章，都谈到社会对特殊人士的不接纳。这个肯定是存在的。但是，是不是一定要所有人都接纳呢？我觉得那样会让大家步入另一个极端：因为是特殊孩子，所以他们一定要得到更完整的接纳。一点儿不对就玻璃心了。

可是，一个普通成人、一个普通孩子，也不会被所有人都喜欢的吧？也有很多人不喜欢我，我也有很不喜欢的成人和“别人家的孩子”啊……比如，话特别特别多、缠着你没完没了的小孩，我真的是很难控制住自己的不喜欢……我觉得小孩活泼很好呀，学校里的孩子大部分都很活泼啊，我很爱他们，但在我明确告诉他们“我现在有事情要做，你需要自己玩一会儿”的时候，我希望他们可以懂得克制。还有小小年纪就特别会来事儿的小孩我也很不喜欢。我觉得纯真不管对大人还是孩子来说都特别特别重要，不管是傻还是特别聪明，不管是丑还是特别好看都好，但纯真是必要条件。有可能的话，希望大家能活到死的那一天，都不要学会“会来事儿”。还有特别没界限、大人也不管的小孩我也很不喜欢，随便拧开钥匙进入我的房间到处逛，随便拿我的东西，大人还觉得自己的孩子很可爱……我是连大人和孩子一并不喜欢。当我们不下意识地把自己和孩子边缘化时，就会发现，一切都很正常，不用把任何事都贴上一个不舒服的标签。

定居在加拿大的同学 Kun 曾讲起，她有一个朋友，家里有个唐氏的小男孩，才两岁，不是很会走路。最开始她是不知道如何跟他相处的。然后她就注意观察其他的人，发现大家都是很正常地对他，逗他玩儿。“当然没有嫌弃，也不会有怜悯什么的。”有一次，大家一起爬山，男人们轮流帮他爸爸背他，她在后面看得很感动，她说：“正确的方式就是默默多给一点儿爱吧。”

是啊，人与人之间的关系，这样就足够了。这样就很美好。

如果总能看到美好，你的世界就是美好

有一天，朋友K给我发了她和她妈妈的微信对话截图，哈哈大笑着说：“快看！这就是我和我妈！”在微信里，她发了一张小孩子第一次写毛笔字的照片。妈妈回复：“练字了，不错。”第二句：“不过姿势不正。”

“不过”和“但是”之前的话，是不值得一听的。K见怪不怪地回复：“你不去当专业的商品瑕疵检验员真是可惜了。”

我记得上一次她跟我聊她妈妈的时候，是她和她妈妈分享小孩今天说了什么有趣的话，可她妈妈根本不管孙子说了什么有趣的话，她只是说：“会讲中文吗？教他讲中文。”那一天，我们得出的结论是：有一些人，即便是我们觉得再美好、再自然不过的事情，他们也总是能在第一时间就发现这件事情不够好的部分、坏的部分、有隐患的部分。这是习惯性的忧虑吗？

我妈在没有飞快成长为一个热爱学习、全心接纳的进步外婆之前也是这样的。现在虽然时常也会犯要求多多的毛病，但只要一提醒就马上自省。真是非常棒。记得火娃还不会拿笔，也不会认字的时候，我每次很高兴地跟我妈分享说，他在学校又做了什么，我妈总是会直接跳过去：

“他今天和我一起打扫卫生啦，桌子比以前抹得干净多啦！”

“还是要教他认字 / 写字。”

“他开始当值日生了！今天整理了所有人的椅子。”

“还是要教他认字 / 写字。”

“他用剪刀越来越厉害啦！还剪了一个小狐狸说要送给你！”

“还是要教他认字 / 写字。”

“他终于接受了纸上拼图，还会拿着比对来比对去呢！”

“还是要教他认字 / 写字。”

…………

我不想跟这样的外婆聊天！我的朋友圈里也有好几个这样的人。

我发了火娃在轻轻触碰小壁虎的尾巴，把它往教室门口赶的照片。他一边让它走一边嘴里念着：“回家找妈妈吧！”如此温暖的时刻，底下的评论居然有：“太吓人了，碰这种东西怕被咬哦。”其他直接拿在手上玩儿的昆虫，那就更不得了了。我发个火娃让天牛在手上爬来爬去的视频，都有人在下面大惊小怪：“小心有毒！”晚上赶稿喝了一杯酒，有人评论：“姐姐，你是不是心情不好？我心情也不好。”我……我好像心情还挺好的……

火娃人生中第一次帮人拍照片，不愿意拍脸，只拍了我和另一个小朋友的膝盖以下。那天我们穿着雨衣踩在草地上。我觉得很开心呀，而且真的拍得很美呢！结果有人说：“下雨怎么还穿球鞋啊？等一下回家刷鞋多麻烦。”真是令人无语，照我看来是完全找不到任何坏的点了，居然还可以有这种角度……果真是“没有想不到”。

还有一个“没有想不到”：有一天朋友把车借走了，于是我和火娃坐公交车回家，一路上这个孩子兴奋得头发都飞了起来。蓝天白云，路边开满了三角梅，风凉凉的，车上一共不超过10个人。对我们来说，这是好短又好棒的旅程。开动脑筋的时刻来了：你能找得到这件好事有可能坏在哪里吗？就真的有人找到了：“给孩子把车窗关上，小心吹感冒。”对此我只能给一个大写的“服”。

暑假的时候，一个素未谋面的家长说想带孩子来跟我聊聊天，可是我们约了一周多也没约上，原因就是：尽管她很想来，但她总能找到不能成行的点。白天约，天晴下雨都是问题——出太阳很热，怕孩子焦躁；不出太阳还要去买雨衣，麻烦；阴天了，没问题吧——“这天儿是不是要下雨啊？”那么晚上约呢？怕聊得太晚，孩子要睡觉；爬山约她，她怕孩子走不了几步累了要人抱就麻烦了；去海边约她——“听说那边路好像不好走”；去烧烤约她，她一看地图，太远了，坐车要一个多小时……

我已经完全放弃了，她说：“你一定要分一点儿时间给我！”亲哪，这口锅我背不了呀。哪里是我不分时间给你……每次你总能找到“可能不行”的理由，我根本不懂你到底在纠结什么呀……

不是看到一件事情的好，而是首先看到它可能的不好，这样活着确实太紧绷了。我很怕和紧绷的人一起玩耍。紧绷的人没有幽默感，几乎无一例外。所以，我渐渐和我觉得紧绷的人保持距离，因为我其实是个挺容易被人影响的人，我不想得抑郁症。趋利避害是不是人的本性我不知道，但它一定是我的本性。

有一次，我和一个妈妈带着孩子在溪里玩，火娃从石头上掉下来，直接掉进了一个水坑里，赶紧往外爬。我觉得他那个样子实在太搞笑了，好像一只长得很瘦的蠢萌落水狗啊，我哈哈大笑。结果那位妈妈不可思议地说：“你还不赶紧给他换衣服！这样会受寒的！”

“可是，晒一晒就好了啊，很容易晒干的。没有那么容易受寒啦！”

她摇头：“哎哟，你可真是大意。感冒了你就知道后悔了。”

她的表情告诉我，她居然是很认真的……火娃肯定是继续穿着湿漉漉的裤子继续玩儿，大太阳下裤子没多久就干了。当然，火娃也肯定没有感冒。那一天，我在想，如果当时是我妹妹，或者是我的好朋友K在，也只会和我一起哈哈大笑吧。毕竟，那个落水狗的样子，是真的很搞笑啊……

我曾经以为，是因为我的孩子特殊，所以他们会不自觉地替我担忧更多。当对一个人了解更多了，我知道其实不是的，是他们本身就容易忧虑。这是一种渗透到生活各方面的习惯，他们的抱怨也会比较多，职场、家庭、感情，似乎到处都是问题。而那些性格本身就阳光幽默的人，即便是第一次看到这样的孩子，第一次听说世界上还有“自闭症”这个词语，他们也会习惯性地看到好玩儿的那一面。这样的人，往往即便真正的坏事到来了，已经形成习惯的思维方式也会让他们觉得，“噢，来就来吧，并没有什么大不了的”。很幸运的是，我身边有不少这样的人。

有一次，我带火娃去参加一个聚会，去之前我以为只是几个好朋友一起玩儿，结果没想到人太多，于是其中一个特别健谈的人把那个聚会变成了自己的脱口秀。他各种大声吹牛，群众各种欢呼、鼓掌。火娃当然会觉得无趣，我也觉得无趣。火娃靠在墙边，跷着二郎腿，嘴里叼着一根薯条，呆呆地看着那一堆人。旁边坐着的是一个之前因为买二手货认识，加过微信，但是第一次见面的朋友。他也和火娃一起，靠着墙，叼着一根薯条呆呆地看着。看了一会儿，他拿下薯条，扭头对火娃说：“这儿的傻子实在太多了，是吧？”

我不知道火娃到底有没有听懂，但是他继续呆呆地叼着那根薯条，看起来非常清醒地嘟囔着回答：“是的。”我们哈哈大笑。朋友举起手来：“来，give me five！”火娃肯定不知道这句话是什么意思，但是也学着他的样子举起手来，然后他们击了掌，又击了一次，最后再击了一次。

完成了这次连接之后，火娃也觉得好笑。虽然我不确定他觉得好笑的点到底在哪里，但是他对着我的朋友咯咯地笑，最后直接笑倒在垫子上，笑到打滚。朋友看着躺在地上的火娃，很满足地对我说：“不错，这个聚会唯一有趣的人和事就在这儿了。”以后他就和火娃成了朋友，每次在路上遇到他，他总是离很远就伸出手：“Hey boy！Give me five！”还总是夸他“帽子很酷哦……”“鞋不错……”。

火娃每次都会笑嘻嘻地举起手来等着他“啪”地击上去。我有一次问火娃：“你知道‘give me five’是什么意思吗？”他想了想：“是拍手的意思。”然后笑得眼睛弯弯地，补了一句：“如果感到幸福你就拍拍手！”是的是的，如果感到幸福就拍拍手吧！希望他能继续这样保持着，能有很多很多觉得幸福的时刻呀！

只可惜这位朋友后来离开了大理。最后一次见面的时候他说家里出了一些事，有些忧虑的样子说：“人生啊，不如意事十有八九，还有十、十一、十二啊……”说完了我们一起大笑起来。他没有说得太详细，我也就没有追问。我在心里祝福了他，我是不担心他的。他是能在萧瑟的冬天，发现树上的第一抹小绿芽并由衷喜悦的那种人。

如果要我设想火娃以后长成什么样子，我最大的希望，就是他成为这个朋友这样的男孩。没有什么世俗意义上的成功，但也并不以为耻；不大合群，但也并不怎么想合群；居无定所，但也并不在意安定这回事；有趣而自在，虽然也有一大堆的不如意事，但就那样甩甩头，该面对的面对，该改变的改变，不能改变的就躺下来接纳了，随他便。

他是很能自得其乐的人，他不活在别人的评价标准里。也就因为这样，他和这个世界的关系，虽然并不总是好的，但总体来说还不错。这样就很好，不是吗？

接纳他人的意义，是不惧怕成为“少数人”

成天在网上看到类似“整个社会要对特殊儿童多一些接纳”的调子，说实话，身为特殊儿童的家长，我都有些看厌了。因为有的摆明了就是道德绑架——我弱势，你就得照顾我；有些又实在太空泛，动不动上升到一个社会的文明、人类的慈悲等角度，社会在哪里？人类是什么？那些我看不到，我只能看到一个一个在生活的人。

到底平等地接纳“不一样的人”，对一个一个的“普通人”的意义在哪里？我是近年来才搞明白，最重要的意义根本不是什么让你成为一个有责任、有爱心的人，而是让你成为一个有勇气为自己做选择、不惧怕成为“少数人”的人。在很多人眼里，可能说离婚就离婚，说辞职就辞职，说搬家就搬家，说让孩子不上学就不上学……的我，就是这样一个人。这一点，确实是火娃的存在成全了我。

刚刚来大理的时候，接受火娃的华德福学校——子禾元儿童之家的创始人钱老师曾经给我讲过这样一个故事。之前他们学校招收了一个脑瘫的孩子，那个孩子有很强的意志力，但是无法很好地控制自己的身体，走路有一些困难，在对同伴表示好感的时候，因为协调性差，不知道力度的大小，有时候会吓住其他的小朋友。于是招来很多家长的抗议，他们不愿意自己的孩子和这个脑瘫的孩子在一起。

说起来，这个孩子真的是有福报的，就在家长们提出抗议的那些天里，刚好台湾的教育专家到学校来督导，在和家长、老师们的交流会上，他听说学校有这样一个孩子，非常开心地告诉大家："这真是一件很幸运的事情，所有的孩子，都能在这么小的时候就可以知道人和人是不一样的，就能学习到如何与不同的人相处的经验。"就这么短短几句话，所有的反对声音都消失了。

这样看来，火娃也是有福报的孩子，因为之前有了那样的铺垫，火娃进入这个学校成为编外学生、我进入这个学校成为编外老师的过程，非常顺畅。他们一方面非常照顾他，另一方面又早已习惯、视而不见——只有特殊家庭才懂得，"视而不见"是多么难能可贵的环境。它代表你可以轻松自在地活着，没有人把你当成怪胎。当然他们会有很多时候不能理解，毕竟 100 个特殊孩子就有 100 种不同的表现，适应了第一个，不代表你可以毫无阻碍地适应第二个，所以孩子们经常提醒火娃："你的椅子没有收！""哎呀，你吵死人了！""你要跟我说'谢谢'！""火娃，我不舒服！你要跟我说'对不起'！"

时常还会有孩子跑来问我关于火娃的情况，比如："戈老师，火娃是一出生就这样吗？"他指的是火娃会时常摇动手指，这对他来说是一种自我刺激动作。

"好像不是哎，他是长大了才慢慢喜欢上这样的。"

"他为什么会喜欢这样摇呢？"

“有时候感觉到开心，就像你开心的时候会跳起来；有时候感觉到不开心，就像你不开心的时候会有些想一个人待着。可能每个人都有自己的表达方式吧。”

他似懂非懂地说：“哦……”

我问：“他摇晃手指，会让你不舒服吗？”

“不会啊，我也只是好奇！就想来问一问。”他不好意思地笑起来，然后就跑开自己去玩儿了。

我还看见过几个孩子一起在沙池议论刚刚从树上滑下来的火娃。火娃没有穿袜子，跑走的时候连鞋子也没有穿。

“火娃！”有个孩子大叫，“你又没有穿鞋子！”

“你管他穿不穿！你快点挖呀！我们这个城堡需要很多沙！”

“为什么我们不穿鞋老师就要我们穿上？”这个小孩有些觉得不公平。

另一个小孩一边继续认真地挖沙一边很懂的样子，说：“因为火娃是火星来的孩子啊！你又不是火星来的！”

我在旁边一直憋着笑。关键是那个觉得不公平的孩子就这样被说服了，开始认真地去挖沙了。是哦，这种天命所归的解释，真是让人哑口无言呢。这得益于老师们在火娃进入学校之后，不断给孩子们教导，他就是火星来的，他和我们不一样，所以孩子们很能接受，他不一样。

后来这所学校还接纳了一个天生耳郭缺失、头上戴着助听器的孩子。为了这个孩子，老师们自己创作了一个天使为精灵宝宝编织神奇王冠的故事，每天讲。于是就那么神奇地，孩子们也许会在前两天对这个王冠一样的助听器感到好奇，但是很快便没有任何人觉得有什么不一样了，连看都不多看一眼呢！

那是一个特别特别可爱的小孩子，鬼灵精的，被称为“棍子哥”，因为他总能在不同的地方找到小棍子。每次看到这个小王子拿着他又不知从哪儿捡来的小棍子，一本正经地皱着小眉头，跟我讲述关于怪兽、关于机器人的事；看到他伸出两个手臂很严肃地挡住我，说门锁住了，我得在他胸口上“输入密码”才能经过时，都觉得人间真美好呀。

我是直到进入了学校，才更深刻地懂了台湾老师说的“幸运”是什么意思。我相信在这个学校里长大的孩子，他们是不会惧怕自己有朝一日成为“不一样的人”，成为“少数人”的。因为他们看到了，戴着助听器生活的孩子，每天也可以开心地笑、自由地玩耍，爸爸妈妈们、老师们依旧非常爱他；因为他们看到了，火娃这么大了还没法独自去上学，还会做很多不合时宜的事，还没办法很顺畅地和他们交流，可是戈老师依然爱他、懂他，老师们依然对他很尊重，没有人把他看作洪水猛兽。他们会知道，这个世界不是非黑即白、非对即错，这个世界不只有一种单一的标准——每个人都可以做自己，不管多么另类，都还是可以好好地活着，一切都没关系。他们会没有那么多的恐惧。

我家里曾经来过一个学龄前的普通孩子，这是一个对人对己的标准都非常严苛的孩子。我在家的时候，她基本都在告状。

“火娃刚刚没有穿鞋子！”

“没有关系，光脚玩儿也是可以的。”

“火娃刚刚玩儿水把裤子打湿了！”

“我知道了。如果他觉得不舒服，等会儿他会去换裤子的。”

过了一会儿她又说：“他还没有去！”

“那可能他没有感觉到不舒服。不换也是可以的，这是他自己可以决定的事情。”

“那他会感冒的！”

“那就吃药呀！如果感冒了，他就知道下次要及时换裤子了。所以，没关系，你可以去玩儿你自己的玩具，不用太关注火娃哥哥。”

这个孩子身上带着太多的标准，而这些标准肯定不是来自她自己的，自由自在地玩耍哪个孩子会不喜欢呢？大人给她灌输了太多的“你必须”“你一定要”“你不能”……这些标准，直接体现在她看待他人的方式上，她对火娃的严苛，其实是对自己的严苛，她完全代入了火娃正在做的那些她不能做的事情上，她深深地知道，如果她是火娃，她会招来什么样的管教。

桌子上的香蕉不见了，我只是很自然地问了一下：“火娃，你刚才吃了香蕉吗？”她就马上指着火娃说：“是的，是他吃的！”后来我妈告诉我，其实是这个小姑娘吃的。关键是，我根本没有任何责怪的意思，我想确认的是，如果火娃吃了香蕉，我等一下就不会再给他吃其他茶点了。她已经自保到草木皆兵了。当一个本该挥洒天性的孩子被限制太多，她该如何突破呢？一些“小伎俩”就自然地出现了。

还有另一个表达也不太好的谱系孩子在我家玩儿，情况是这样的：我在和她的父母聊天时，这个小姑娘跑过来，指着那个孩子大声告诉我们：“他把火娃的青蛙丢下去了！”可是所有的大人都看见了，是她把青蛙拿给那个孩子，指挥他丢下去的。毕竟她年纪小，这种事情做不到那么严丝合缝。她内心有一股很灰暗的力量，藏在明媚的笑容之后。她甚至小小年纪已经懂得控制表情，当我看到她板着脸跟火娃说：“我才不跟你一般见识，你是个自闭症！”发现我过去，扭过头来就是一脸天真无邪的笑，彼时是真是觉得一股凉气从脚板心直接涌上来。

其实，学校里的孩子也会说“因为火娃有自闭症”的，但是你明显感觉到，同样的话，背后的心理是不一样的。学校的孩子们是觉得“因为你不一样，所以没关系”，而在这个小姑娘这里的意思是“你低人一等，我根本不屑与你为伍”。很难想象，如果有一天，她发现她做不了那么完美的品学兼优的孩子怎么办；如果有一天，她有了自己的想法，她不想成为父母希望成为的人了怎么办。一面是自己越来越奔涌的本能，一面是从小习惯了被限定的标准。她会活在巨大的恐惧和拉扯中。

其实，环顾周围的成人，包括我们自己，很多痛苦的来源，就是这种巨大的拉扯造成的。我们很想做自己，但是从小父母就无形地教导我们：你只能成为大多数人，你不能成为不一样的少数人。于是，不想读书只想唱歌的孩子，还是必须去考大学念经济学，40 岁了站在舞台上，还没开口就已经泪流成河。于是，大家一窝蜂去考公务员，哪个容易考就考哪个，考上了父母就觉得你光宗耀祖了。梦想？对不起，在他们的系统里这是一个显示不出来的敏感词。于是，在你还根本没有想好要过什么样的生活的时候，父母和身边所有的人都会提醒你，你已经 23 岁了，你得交男朋友了；你 25 岁了，你要结婚了；你 28 岁了，你必须要有一个孩子了。然后，就算你再不幸福也不能轻易离婚，不管你工作得多么不开心也不能轻易辞职。身为一个成年人，你要有体面的生活，你要有婚姻，你要有五险一金……我们甚至很难表达自己的观点，碰到大家都吐槽的电影，你不敢说你觉得很好看；你不敢做会议上第一个发言提出反对意见的人；你不敢成为春夏之交第一个穿裙子的人；你不敢在听到别人背后说你朋友坏话的时候，果断地站出来说“你们这样说是不对的”。

害怕成为“错的”，成为“不正常的”，成为“出头鸟”，成为“异类”，成为“轨道之外的”，成为“少数人”……这些可怕的、孩童时代来自父母的言传身教，终于长成了我们自己的基因。

所以，我对火娃，一方面，在很多事情上极有规则（比如公共场合的礼仪，自己的事情得自己做）；另一方面，又在很多事上保持粗枝大叶。我确实如很多家长所说“不怎么管他”，我还时常提醒自己，不要在生活里管太多的细节。我不想参与到他所有的玩耍和生活中去，因为我不想让他在做每件事情的时候，都有人给他定下一个标准，都有人告诉他这样才是好的、这样才是对的。我希望他知道：人生在世，绝大多数时候，只有不同，没有对错。不要伤害自己、不要伤害他人就行了。至于其他的，没关系，亲爱的，都是可以的。

自从遇到你，此后我爱上的所有人都很像你

熟悉火娃的人都知道，他喜爱女性朋友。基本是只要女性特征明显，从 2 岁到 40 岁都爱。同龄人和小妹妹倒是无所谓，只挑性别，不挑身材。但是一旦身高超过他，他就只喜欢一种类型了——像我妹 / 他小姨的。标准就是：瘦的（必须脸和身体都瘦）、头发长的、个子不高的（我不能用“矮”这个字眼，这样会让火娃没有朋友的）。这就是“自从遇到你，此后我爱上的所有人都很像你”。

他第一次见到我妹，是 2009 年的 1 月，那时我妹还在读大学，放了寒假去重庆看他。那时他才两个月，在寒冷的冬天，穿得像一头小熊。门外响起敲门声时，我妈抱着熊宝宝一样的他赶紧走到门口，然后门一开，他看见我妹的第一眼，就风含情水含笑地笑开了。从此就开启了“一见你就笑”的人生。

火娃和我的亲子关系是很跌宕的。在我们互相非常接纳和信任彼此之前，是经历过很多纠结、恐惧、冷漠的阶段的。但他和他小姨的关系则非常稳定，是从见第一面开始直到现在，都是相爱的。目前看来也很可能会直到永远。

那些年我并不知道火娃为何会那么爱他小姨，那时我和我爸妈都说：“他和他小姨，是真的有缘分。”——我们习惯于把不理解背后逻辑的一切关系，全部笼统地理解为“缘分”。缘分当然是有的啊，毕竟是一见钟情的剧情。但现在回头来看，让他们相爱了这么多年的原因，是因为我妹是一个天生有疗愈气质的人。我发现他爱的所有像他小姨的女人，都是天生有疗愈气质的人，比如前文里说过的 Z 和 J。

那么，他小姨的疗愈气质表现在哪些地方呢？首先，她总能发现火娃特别可爱、特别搞笑的地方。当然，这是因为她就是一个特别可爱、特别搞笑的人，我怎么可能昭告天下，百度上有个“弱智吧”，她是忠实的读者呢？她是那种如果看到火娃撞上了玻璃，绝对不会第一时间去看他受伤没有，一定会先哈哈大笑取笑他一通的人。于是，火娃从小就具备一个功能：如果不小心摔倒了，会在地上干脆打个滚或者趴在地上玩儿一下，甚至会躺到地上跷起二郎腿，假装他是主动选择到地上玩儿的；如果不小心撞到一棵树，会拍拍那棵树，甚至是抱树也不肯轻易让人知道，他是出糗了……

我妹大学毕业后先是去了深圳，后来回重庆，和我们住在一起。她的工作比较规律，几乎每天按时下班。所以我加班回到家的时候，她总是会告诉我，今天晚上和火娃一起，发生了哪些有趣的事情。他们之间发生的事，基本都是无厘头的——我觉得火娃思维特别发散，特别无厘头，有很大一部分是托他小姨的福。

因为他知道我妹特别容易被无厘头逗笑，他早早就领悟到了如何才能逗自己爱的女人笑。比如，走着走着路，明明很安静的情况下，他突然就开始快速地高抬腿，说：“跳个舞。”比如，火娃如果拿根棍子戳着一坨泥巴，会走到她面前，神秘地说：“吃个棒棒糖。”比如，我妈烫了头发的时候，火娃会冷静地指着电视里《花园宝宝》里面的唔西迪西说：“外婆。”那个唔西迪西的发型就像顶着满头的毛毛虫。比如，我妹为了让自己的刘海变得有空气感，每晚都要给刘海卷个刘海贴，火娃看到海底世界动画片里那个头顶着一坨东西的鱼就会笑眯眯地说：“小姨……”

我妹总是会很配合地当即笑晕过去。这可都是强化啊！记得有一次，我妹笑得不能自持地跟我说：“我跟你讲啊，这个真的太好笑……”还没开始讲，她已经笑滚了。

是个什么事儿呢？是火娃跟她要糖吃——她有个习惯是：下班回家时，会把办公室分享的小零食带一点儿回去，或者是走在路上突然想吃什么了就买两份，自己吃一份，带一份给火娃。那天可能带的东西不合火娃口味，于是他要糖。我妹这个思维广的家伙随口就说：“糖糖糖糖……没有糖！有唐古拉山，你吃不吃？”

火娃哪里知道什么是唐古拉山？！他肯定认为这是一个很好吃的新产品啊！于是他大声地说：“吃！”

我妹说这下捅了马蜂窝了，一整晚，火娃都在追着她要吃这个从来没吃过的新产品：“小姨，（我）要吃唐古拉山！唐古拉山！”

不管她怎么说，唐古拉山其实真的是一座山，并不是像阿尔卑斯一样，又是糖又是山……但是火娃哪里肯信？他估计认为：肯定是不想给我吃啊！在唐古拉山这件事上，我觉得火娃明明跟金鱼差不多的记性变成了跟大象差不多的记性。因为，在此后的好几年，甚至一直到现在，他都还偶尔会提起那个从来没有吃到嘴的神秘新品唐古拉山，“我要吃唐古拉山”。

在想到要写这个的时候，我特意去搜索了唐古拉山的图片。我正式把火娃带到电脑前问他：“你还记得唐古拉山吗？”

“记得。”

“唐古拉山是什么？”

“是糖。”然后他眼巴巴地看着我，“妈妈，我可以吃唐古拉山吗？”

我忍住笑，给他看了唐古拉山的各种照片。我明确告诉他：小姨当年是逗你玩儿的，唐古拉山确实是一座山，不是糖哦。没想到他听懂了，他很不好意思地捂起了嘴巴。我问：“那你现在还想吃唐古拉山吗？”

他咯咯笑起来：“不吃！”

“小姨骗你哎，你讨不讨厌小姨？”

“不讨厌。”他脸上的表情，温柔得足以融化世间所有的冰雪。真的是长大了。

然后，我妹还总能发现火娃特别厉害的地方。小时候火娃沉迷于用彩泥捏东西，我妹总是那个发自内心去崇拜他的人——因为她和我一样，对手工一窍不通。

“火娃捏的这个蜗牛真的好像！这两个小触角好可爱！”

“火娃真的好厉害，观察能力好强！他捏的这个鳄鱼和蜥蜴，一眼看上去就知道哪个是鳄鱼，哪个是蜥蜴，因为嘴巴长得不一样！”

她是连火娃随便捏几个小汤圆都觉得很厉害的：“你看你看，一堆小圆球摆在桌子上，好可爱呀！”

火娃 8 岁多才开始认字，才开始第一次握笔，我妹依旧觉得厉害。她不断用语音告诉火娃：“火娃，你现在怎么这么厉害呀！小姨好爱你，好想你啊！”

她根本不介意别人家的孩子怎么样，在她心里，只要火娃比从前的火娃变化一点点，都特别特别特别特别厉害。最后，最关键的是——她真的很爱他。她觉得他是天底下最帅气、最聪明、最呆萌、身材还最好的小男生。

火娃之前在重庆寄宿过的特殊机构，离我妹的公司并不太远，走路大概 20 分钟。那栋楼门口非常不好停车还动不动贴罚单，所以星期一的早晨，常常是我在学校门口把他俩放下，她送火娃上楼，然后再走去单位。很多个星期一的早晨，当火娃哭着不让她走，她抱了又抱，摸了又摸，最终不得已狠下心转身离开的时候，眼泪就跟着淌了下来，流了一路。她内心对这个她一天天看着长大的孩子，是有非常多的疼爱的。她知道自闭症意味着什么，我甚至曾经和她正式地聊过，如果有一天，还没有让火娃有个可容身之处，我就突然发生意外死了，她要如何才能在保证她自己的生活的前提下关照他。要不是保险的受益人不能写兄弟姐妹，只能写父母或者子女，我是肯定要把这份重托交付给她的。她是这个世界上，除了我自己，我最信任的人。

但即便她清楚地知道自闭症意味着什么，她也从来没有觉得自闭症这个诊断，会让她对火娃的这种爱改变。火娃对她展示爱的方式是：即便现在我们在大理，而她远在上海，但是时不时地，他就会说：“想小姨。”然后就是要跟小姨视频。那是活生生的“舔屏”。对着屏幕亲啊，亲啊，亲啊，恨不得钻到屏幕里去拥抱她。我妹笑到不行：“火娃，你把你的头离远一点儿，我看不见你了！”

很多时候，我带着火娃出门，他一个人坐在后座，车里放着音乐。他会趴在窗户上，看着沿路的风景，突然就会说：“想小姨。”拿到一块石头，他玩儿着玩儿着，会突然把它当作一个电话拿到耳朵边：“喂？小姨，我是火娃。”对火娃来说，即便喜欢上所有长得和她像的女人，她也永远是这个世界上的唯一一个最最重要的人。

很庆幸的是，我的准妹夫，是一个和她的特质特别像的人，非常有趣，又非常有爱的单纯。来大理看我们的时候，十指不沾阳春水的人，每天放上带劲儿的音乐，和我妹一起欢天喜地地帮我打包。有一次，网上拍卖自闭症儿童的画作，他还专门去买了两幅。他说：“我们对别人的孩子付出，别人才会对我们的孩子付出。”

火娃对他，也是完全亲近。第一次见面的时候，他给火娃带了可以拼的小汽车和小轮船，他们俩就排排坐在小柜子上，一点儿一点儿拼好。身为一个很难记得住别人的名字的小孩，火娃从第一次见面开始，就从来没有忘记过他的名字。

写到这里我觉得，这个世界，的确不管对我还是对火娃，都很不薄。不幸如我们，又万幸如我们。

一切教育的目标，都只是为了让我们“生活”得更好

有一天，一个爸爸问我：“现在哪种教育方式是最好的？”因为有一个特殊的孩子，他已经被五花八门的各种教育理念搞晕了头。

我回答不出来。想起以前看过一篇郑渊洁的采访，他说起他的两个孩子，大儿子很不喜欢也不适合传统学校，所以他从小就自编教材让儿子在家上学，而小女儿特别适应应试教育，她就喜欢去学校上学。所以，我只能说：可能没有“最好的”，只有“适合的”，甚至没有“最适合的”。

我曾经采访过一个教育学者，她说：“站在教育者的角度，教育是遗憾的艺术——你觉得再好的教育方式，都还是会发现有一部分难以被引领，还有一部分难以被满足。”

而对于集体上学难的我等特殊家长来说，就更是要接受：没有绝对的好，也没有绝对的适合，只有我们身为父母“当下能够给到的最好”。

来到大理之后，因为需要先安顿整个家庭，我让他继续在幼儿园里待了半年。其实那时他已经7岁多了，以他的年龄，根本不该再继续待在幼儿园里，可当时我并没有其他的路可走，尝试了三个私立小学，全部碰壁，拒不接受。与其把他天天放在家里闲玩，到处翻零食吃，至少幼儿园

可以提供给他一个正常而简单的生活节奏：固定的作息时间，有规律地吃饭、玩耍。而且那是一所华德福幼儿园，有安宁的氛围，对于刚刚带着一身负能量从大城市迁居来此的他，是足够疗愈的。那是当时兵荒马乱的我，能给他的最好的。

后来我安顿好了，开始自己带着他，在幼儿园提供给我们的单独教室里给他全天一对一上课，这个过程持续了一年多，火娃一些颠覆性的小进步都来自这一年多。可是，这就是最好的吗？并不是。他没有同龄的伙伴可以模仿，他的世界几乎只有我一个人，没有一个正常的社交环境可以锻炼人际交往，而且每天我与他大眼瞪小眼，时不时的焦虑和暴躁是难免的。然而，这也是我在那个阶段能够给到他的最好的。

说来这本书真是写了好长时间，在我写这一篇的当下，火娃已经在一个私立的小学上了差不多两个月的学了。那个学校，包含火娃在内有两个特殊小孩，另一个是他刚来大理就认识的朋友。其他全都是普通孩子。

他能学到多具体的知识呢？其实并没有，因为他确实跟不上节奏，而学校也没有专门支持特殊孩子的老师资源。老师说，语数外他基本都不在课堂上，要么串去幼儿班跟小朋友们在一起玩儿，要么就去后院玩儿了，后院是一大片的树林和田野。只有下午的各种音乐课和手工课，还有周四的全天大户外，他是喜欢并且愿意跟随的。

但是，这所学校提供给了他一个同龄人的环境和一个没有压力的氛围。这所学校是没有排名、没有考试的，孩子们都很自由，也很接纳。这些是我无论付出多少努力也没有办法以我一人之力给到他的。何况，还有很多的男老师，而且非常神奇的是，在读了一个月之后，在一个偶然的情况下，我发现他的班主任居然是他的舅舅，我的表弟！我的奶奶和他的爷爷是堂兄妹，但是因为奶奶过世太早，基本断了联系。

这些男老师，对火娃来说是一笔非常宝贵的财富。生长在单亲家庭，火娃生活中的男性角色实在太缺乏了。所以，这也是我当下能够给到他的最好的。

即便他至少一半时间完全不跟随，却也不能说他在学校完全没有学到东西。这所学校比较注重在日常中的英文练习，火娃待了没多久我就发现，当老师说“backpack”的时候他就知道要背上背包了，老师说“keep going”的时候他就从地上爬起来继续往前走了。有一天回家，他把一个玩具丢上天空，嘴里喊着“one, two, three, up！”。我觉得奇怪，我教过他英文的数字，但是我没有教过他 up 啊。我问老师有没有和他玩儿过 up 的游戏，老师也觉得惊奇。确实在院子里大家是一起玩儿过丢球，会有 up 和 catch it 的指令，他当时是一副不想玩儿的样子，可是他就那样默默地听到并且记住了。我在家里试了一遍，我把球丢给他，说“catch it”，结果他下意识地就伸出双手稳稳地接住了。

这证实了我的老师曾经告诉我们的那个关键点：千万不要认为孩子看起来没有接收，便疏于去给予，成人要知道，你带给他们的所有东西，他们都会以某种形式吸收进去。

而我能够做的，是准备一些适合他在课堂上做的练习带到学校。比如，他正在练习用笔，我会准备一些练字的字帖，让他能够尽量在教室里多一些坐下来的时间，并且继续在课堂外，给到符合他能力的知识。

最开始的一个月，我完全没有管他，放学后就是疯玩儿。从第二个月开始，我们的节奏变成了：早上9点上学，下午4点放学，放学后和晚饭后的时间，我会给他上一年级的语文和数学，还有他喜爱的各种手工游戏。

这些最大的好处是：我和他都不用疲于奔命地去跟上学校的学习进度，我们可以慢慢来。而且，我们可以挑选世界各地的各种有趣的教材和教具了。自己在家教孩子，很容易就变得很散，没有一个持续的计划，而好的教材和教具可以省很多费脑子的时间。

火娃的进度之慢，慢到很多普通的家长根本无法想象，他8岁多才开始认字，开始练习用笔，9岁才学会了数数，慢慢开始练习加减法，拼图和剪纸也是9岁才学会的。如果有和他一样，学习智性的知识很难很慢，而且说话有些吐字不清、逻辑思维比较弱的孩子（基本就是各项能力都比较初级，说直接点儿就是确实很傻……），我希望我接下来推荐的一些教材和教具是可以给到一些帮助的——当然，这些对于所有普通的小龄孩子也都完全适用。

第一套是日本的kumon公文式教育丛书，有剪纸书、迷宫书、数字书、拼贴书等。不得不承认日本人做教育是一把好手，所有的类目，都是从零基础开始，循序渐进一步一步加大难度。而且照着做了就会发现，这些顺序其实就是在帮助一无所知的孩子分解动作，让他们在一点儿压力都没有的情况下一点儿一点儿就学会了这项技能。火娃学会剪纸，学会复杂的连线、迷宫，都是这套书的功劳。

第二套是英国著名绘本作家朱莉娅·唐纳森的贴纸游戏书，是根据她的 6 个绘本改编的，有《小海螺与大鲸鱼》《爱唱歌的美人鱼》《小瓢虫听见了什么》《城里最漂亮的巨人》《橡树林的故事》《小猴子找妈妈》。它们非常精美，对于原本是视觉系，却从小受困于各种画风拙劣的卡片桌面训练的特殊孩子来说，简直就是救命之作。这套书不像日本的那一套有从易到难的排序，所以需要家长自己去挑选孩子该从哪一部分开始做——这个非常重要！我们往往太急功近利而忘了孩子是需要从 0 开始的！

火娃的进度是：先从场景自由贴图开始，比如，在一个森林里贴上各种不同的昆虫和动物，先让他喜欢上贴纸这件事本身。拼图是从 4 格开始，一点儿一点儿过渡到整页 48 格的大拼图的，里面还有各种填色、迷宫、找不同、逻辑训练的部分，都非常有趣。但是，需要慢慢来，并且找到适合孩子的方法。比如"找不同"，最初火娃是完全蒙掉的，即便给他最简单的图案也不行，于是我找了一张白纸，先贴住五分之四，让他从五分之一开始找。最后，有一天，他突然把那张白纸掀掉，然后一个人刷刷刷地把我留到最后的那几个最难的"找不同"和大幅拼图全部贴完了。而最后这个代表颠覆性进步的独立动作，出现在我耐心地和他玩儿了整整 6 个月后……这 6 个月中，有无数我濒临崩溃、觉得"这傻孩子怎么可以傻到这个地步，我是造了什么孽"的时刻，幸亏我用我佛系母亲的定力控制住了自己没有打他。

第三套是美乐连点画系列，适合像火娃一样没有任何绘画基础还特别讨厌绘画、刚刚开始学习数字和字母的小孩。我以前不明白为什么火娃就是拒绝涂色，每次涂色都像是在完成一个可怕的任务。但是，这一套不是一上来就让孩子直接涂色，而是先连数字（同样也是循序渐进，先从 1 到 10，再到 50），再把通过连线而展现出来的形状涂上色，火娃居然就完全不抗拒了。我并不知道他真实的想法到底是什么，或者只是时候到了也不一定。也许他觉得，先画出形状，再涂上颜色，这才叫一个完整的“绘画”，而单纯涂色只是一个不得不去配合大人完成的无聊工作吧。

第四是针对像火娃这样吐字有些不清，发音比较模糊的孩子，要持续带他们读一些古诗和儿歌。之前上课时，芭芭拉反复强调要多带给他们韵律诗歌，其实不是要让他们理解那些诗歌的意思，而是这可以让他们在练习发音的同时领会到韵律之美，长期坚持下去，会发现他们能够在说话时慢慢建立一个更平稳的节奏。

推荐的教具太多，淘宝上很多的玩具都是可以拿来当教具用，但是因为火娃最大的难关是数学，所以个人最推荐的还是蒙台梭利的数学教具：加减法板、乘法板和除法板。

加减法板不用说，除法板还没到时候，没用过（也不知道这辈子有没有机会用，毕竟我觉得学会了加减法已经足够基本生活了），乘法板我是拿来帮助火娃数数的，对于很多像火娃这样逻辑思维很差的孩子来说，他们学习抽象的知识非常困难，你们知道我教了他一年多他还连 10 以内的点数都无法做到吗？！教得我都要怀疑自己的智商！然而，自从买了那个乘法板，10 行，每行 10 个坑，可以“种”上 10 个“小红果”，他就在半个月内可以轻松点数到 100 了——这些板子，作用就是把抽象变得真实可见，而且会让他们在反复的练习中自己领悟到什么叫“规律”。

和这几套教材教具配合使用的，是一年级的语文和数学教材，人教版。它们的关系是：正规的学校教材，提供一个方向，告诉大人应该给小孩循序渐进地提供什么样的知识，它们是一个有迹可循的大纲。而以上推荐的这些书，实话说比市面上很多书都更好看、更有趣、更潜移默化，而不是那么急功近利，它们可以让大人能够帮助小孩把这些知识相对愉快地落到实处。

曾经有一个妈妈很灰心地问我：“那么费力地教孩子学知识，有什么用呢？他们能力这么差，一来，根本学不到多少；二来，即便学到了一些知识，能够用得出去吗？”

可是，我觉得，尽管这个世界上没有什么“最好的教育”，但是如果教育仅仅只是专供给 20% 的精英，而不是为了让所有的孩子从原本的起点出发变成更好的自己，那么这个教育一定是“不好的教育”。

认为教育特殊的孩子并没有什么用，其实归根结底，还是大人一贯的横向对比思维吧。毕竟，对于这样的孩子来说，也许在很多领域学了 10 年，都还不如一个厉害的孩子学上 10 天。

那么，特殊孩子的教育，到底有什么用呢？他们最需要学的东西是什么呢？

在我看来，是一切与生活相关的东西。当然，有一些智力特别高、能力特别强的孩子，那是另一回事。对火娃这样的孩子来说，在以“实现基本的生活自理”为第一目标时，我希望他能学到的所有知识，都只是为了让他在成年后能更接近于独立生活。自闭症孩子家长圈里的一个共识就是：功能高和功能低都好，高可以最大限度地贴近普通人的生活，低可以顺理成章地降低目标变为生活自理，最怕的就是高不成低不就，拖着孩子死命奔跑，却怎么跑都跟不上。但无论功能高低，最终，一切教育的目标，都只是为了让我们“生活”得更好。

所以最后我要隆重推荐的教具和教材，是生活中我们随时用到的一切家务用品：各种刀、抹布、杯子、电器……还有我们生活中需要去的场合：菜市场、超市、车站、朋友的家、旅行地中所有有人的场合……课桌上学到的一切知识，都可以用得上，并且应该都用得上才叫有效。有多少人还在疲于奔命搞学习，而忘了“生活”最重要的是“生活本身”？

目标是很小的，进度是缓慢的，但是只要大人接受“即便没有那么精彩，也并非不值得一过的人生”，就会发现惊喜是随时出现的，成长也是必然的。这是比教育孩子更重要的，身为家长的“自我教育”。

后记：一封写给自闭症儿子的信

火娃：

不知道这些年里，你对我身为一个母亲的工作是否满意。我得先告诉你的是，我对你当我的儿子很满意。我很爱你。可能很多人会疑惑，我给你写信的意义到底是什么，你能懂吗？

至少目前为止，我知道你一定是能“听到”的，至少它们会进入你的心里，等待某一个你突然觉得“我好像懂了”的时刻。接下来，你可能需要认识更多的字，才能“看到”，再接下来，你还要更了解这个世界和人，才能够真正理解妈妈要对你说的这些话。

我听过一个说法：人生是一本书，封面是出生，封底是死亡，中间写上什么，是由我们自己做主的。一句很正确的废话，是吧？当不知道第几千次看到这句话时，我突然想，除了无法改变的封面和现在还管不着的封底，你这本书里的开头和结尾，分别可能写的是什么？

从我的角度看，你有一个不大容易的开头。从自闭谱系的诊断开始，你就注定要在某些方面进入努力模式了，比如，流畅地表达自己总是很难，学习拼音和数学对你来说总是很难——但你在努力，我知道你一定可以突破自己。就像你突破用笔和认字的瓶颈，就像你自学了直排轮和滑板，就像你终于知道了如何运用剪刀剪出形状，就像你学会了问问题……这些对普通孩子来说特别简单几乎不用学习的事情，你都要经过大量的练习。跨越的过程，对你我来说一度都挺崩溃的，但是你最后都会了。

不管别人觉得你够不够好，我都觉得每一个阶段都能进步一点点的你很棒——对于贪婪的人来说，横向对比之下，会发现没有什么是够的，妈妈恰好是一个特别会把日子过得看起来一团糟的、不那么贪婪的人。我希望你也能继续这样，一团糟的时候不要慌张，干脆躺下也是可以的。但每进步一点点，都要发自内心地觉得你自己很棒。骄傲也许会让一个成年人忘乎所以，但从你的身上我知道，骄傲是一个孩子迈向更高台阶的动力。

只是以你的人际交往能力，你可能没办法拥有很和谐的恋爱关系了，对一个普通的男人来讲，“女人到底在想什么”都是一个宇宙未解之谜，你估计就更搞不懂了吧？不过，管它呢，妈妈活到 37 岁，做了十几年的情感版主编，不也一样孑然一身。希望此生能有这样一个机会，我们坐在高高的山岗上，看着浩瀚的大海喝一杯酒，敬完朝阳、敬完月光、敬完自由、敬完死亡之后（你坐不住的中途我可以允许你随时站起来去跑几圈），你能指出我到底是哪里出了问题。

不太容易——这是我的角度。但从你的角度看，你似乎认为你有一个很轻松、美妙的开头，毕竟你大部分时间都过得很开心，特别是我们搬到大理之后。这大概是因为，尽管遭受过一些难免的白眼和欺凌，但你知道我还有很多家人和朋友，都很爱你。

是的，没有哪一个人的成长是容易的。很多人会觉得，只要你们“摘帽”，至少“看起来正常”，你们这辈子就没啥问题了。妈妈却不这样认为。妈妈听了十几年别人的故事，那么多那么多的人告诉我他们内心的真实，我早已知道这一生每个人都有要修习的功课，路漫漫其修远兮，无一例外。我只希望你能像现在这样，接受生活给的一切不幸，却总有能确切感知到的幸福去抵消它。

说了开头，我们来聊一聊结尾。你的结尾，根据你的成长情况，可能有两个，第一个是你能基本独自生活，第二个是你需要在别人的照顾下生活。无数的人和资讯会来告诉我，你需要做什么。但是，我决定自己好好想一想，两种生活你分别需要什么，再反推回来，确定我需要去引导你成为什么样的人。

首先，你得是一个能生活自理的人。所以我们花了很多的时间，从让你自己穿衣服、吃饭、上厕所、洗澡开始，来教你如何照顾自己。我让你和我一起做家务，清洁、洗菜切菜、做面包……谢谢你，有时候你非常不高兴，有时候我忍不住要对你发火，但你做得很好。接下来，你得和我一起做一些更高难度的事情了，先从煮汤开始，学习做菜吧。

然后，你得是一个具备基本知识的人。这个我们已经在做了，以前每天我带着你去上学，从每节课 1 分钟开始，后来你就可以坐下来和我进行每节课 30 分钟了。现在你上了学，我们晚上还是会继续这样上课。而且，你已经完全不需要物质的强化物，你感受到的自己的成长，就是你最强大的强化物。我真的为你感到骄傲。

还有，你得是一个愿意对他人交付信任、不抗拒和人待着的人。这就是我为什么要和你一起生活在大理。我们可以随时去我们都喜爱的朋友那里玩耍，大人坐着闲聊、喝茶，饿了一起煮简单的饭菜，你们就在院子里奔跑、玩水、爬树、捉小昆虫，我们还一起去远足、去游泳、去溯溪；我们会去参加很多聚会，让你知道被一些陌生人环绕并没有那么可怕——你在这些过程里感受陪伴，体会冲突。所有的治疗教育理论都这样落到了生活的实处。

你要记得妈妈的那些好朋友，他们把你当作一个普通又独特的孩子去对待、去要求。我已经渐渐不需要代替你发声，是这些兼具智慧和善意的人们让你能自在地和人练习沟通。

最后，我觉得特别特别重要的一点是：我希望你能拥有感知到这个世界的每一个美妙细节的能力，这样你才能变成一个情绪稳定、内心充盈的人。即便有一天你需要在别人的照顾下生活，至少你是一个能让自己快乐、活得自在的人，这样你才不会给别人添太多的麻烦，你才能得到更多的尊重和喜爱。

所以，我不会为了强求你变成一个所谓的“正常”的人，而去过多地压制你、逼迫你。任何所谓的进步，如果我知道要以牺牲你的自在为代价，我都绝对不会做。再所以，我才会不管你能不能听得懂，一直不厌其烦地跟你分享我们共同看到的眼前的世界是什么。

“小风吹到脸上，凉凉的。”“蓝色的小甲虫在妈妈的脚边爬来爬去，它是不是想去找朋友玩呢？它的朋友是一只金龟子吗？”“这朵云长得好像鲨鱼呢，不知道它要游去哪里？”“长着长长羽毛的鸟在枝头唱歌，这棵树现在还是绿的，也许到了秋天，它会变成美丽的金黄色。”“妈妈觉得和你一起坐在这个大石头上看着这片田野，很舒服，也很幸福哦。”尽管在我描述类似事情的时候，你只是在玩你手中的玩具，经常一副根本没有在听的样子，但我相信一切都会进入你的心底。我也认为，不管你能否表达出来，你有权利也有这个需要，去听到完整的声音。

我在尽我一切的可能，将你的眼睛从你自己的小宇宙里，引向更广阔的世界。而且，一些改变就真的在某些时刻发生了。

记得有一天，你在认真地看着窗外，我问你看到了什么，你说：“看到风了。”我喜欢这个回答，不是摇晃的花和树叶，你说你看到的是风。后来，又有一次，你说你看到了风，我问你风在干什么，你开心地跑起来："风在跑！"那天是大理的风季，风真的在跑呢！

还有一次，我们在溪里走路，你盯着溪水告诉我："小溪哭了，它流眼泪了。"

我问你："它为什么哭？"

你想了想说："它很伤心。"

"火娃平常是为什么哭？"

"火娃也是一样的。"

然后，你小心翼翼地伸出手，轻轻去抚摸流水。很好，我希望你能一直这样：能微笑着听小鸟在枝头唱歌并为它鼓掌；能躺到天台的桌子上看云的变幻无常；能和偶遇的昆虫待一个下午；能随便捡到几块石头、一根废铁丝或者小树枝，然后把它们想象成是很多动物和它们一起玩。我希望你能和大自然的一切成为朋友。

很高兴现在的你，在渐渐和这个世界上的人和物成为朋友的同时，也把我当成了你最好的朋友，你能和我分享你看到的世界了。当你把一根铁丝弯来折去然后举到我面前告诉我："这是一只虾！""一个大大的螃蟹！"当你拉着我的手问我："妈妈，你能和我一起看云吗？"我内心的快乐，是你能看到的 10 000 倍。

好了，当你具备了以上这些，我觉得，我只需要攒到一些足够你基本生活的钱，就不会再担心我有朝一日死掉之后，你会很悲凉地生活了。而且，说不定随着你的长大，会有更多的惊喜到来呢？我安心陪伴，乐见其成。

最后，我要分享给你几句穆旦的诗，来自《冥想》。

但如今，突然面对着坟墓，

我冷眼向过去稍稍回顾，

只见它曲折灌溉的悲喜
都消失在一片亘古的荒漠，
这才知道我的全部努力
不过完成了普通的生活。

我想告诉你的是，这世间有能力足以改变世界的人，也有拿起一双筷子都要用尽全力的人；有被掌声与灯光包围的人，也有在路边鼓掌的人。每一个人只要活得真诚，都值得尊重；每一个人只要活得平衡，就能不枉此生。像我们这样平凡的人，只要努力完成普通的生活就好。这一生，就让我们互相担待、互相成全吧。

——觉得你真的很好看的妈妈

附录：治疗教育笔记分享

在整本书的最后，我想要分享一些这几年来学习治疗教育的笔记精华。我并不是一个好学生，因为我甚至没有上完所有的课程，但我想，这不仅是对特殊孩子，而是对所有的孩子都适用的，因为这个世界上不会有完全完美的孩子。我们都会带着一些或大或小、不同类型的伤口长大，父母或者老师对小时候的我们哪怕多那么一点儿理解，都有可能影响我们一生。

谨以此笔记，感谢这些从事治疗教育已经超过 30 年甚至 50 年的老师们：芭芭拉 · 鲍德温（Barbara Baldwin）、克瑞斯 · 华特（Chris Walter）、阿兰 · 修乐思（Alan Thewless）、罗宾 · 慧森（Robyn Hewetson）。

一切都从孩子现在所处的位置出发

1. 我们要从孩子所在的位置开始，从他们与世界相遇的方式开始。不好好看到他们的位置，而只是一味告知他们“你应该变成怎样”是没有意义的。对家长也是一样，不从他们所处的位置开始，直接告诉他们如何教导孩子（比如“你多带孩子出去和同龄人玩儿玩儿就好了”之类的）是非常粗暴而轻率的行为。要知道，每个特殊孩子来到班级，都像背着一大包沉重的石头，而在每个兵荒马乱的早晨，他们的父母比任何人都希望生活有一些不一样。

2. 节奏、温暖的情绪和幽默感，是三个最重要的治疗工具。那么如何让自己有幽默感？Chris 老师这样回答："我想，幽默感是你看待生活的方式。"

3. 要学会看到问题的根本。比如，很多人把孩子的问题归结为电子产品。但是，如果一个孩子看了太多的电视和 ipad，那其实问题的根本是养育者对他们的忽视。相比父母的忽视，电子产品本身造成的影响并不是最重要的——懒惰的教育方式才是。

4. 有问题就解决问题，没有问题千万不要去寻找和制造问题。最糟糕的破坏是担心。老是想找到孩子的异常，对孩子是一种极大的伤害，因为你没有享受他们。其实，我们每个人都有这样那样的障碍，但是我们都很好！！！

5. 如果孩子觉得无聊，注意力不集中，那么老师不应该去指责孩子，而是需要知道怎么让课变得有趣。

6. 教育者一定要理解教育的意义：我们为什么要这样做？每让孩子做一件事，都要思考。如果你的方式达不到这个意义，那么就改变一种方式，达到同样的意义。而如果你根本不明白为什么要那样做，那就不要做。

7. 多对孩子说"等下……""把什么做完了再……""5 分钟后……""睡醒后……"等等，这样可以把孩子从当下扩展到一定的未来。

8. 对待孩子，一味地包容是没有意义的，你需要学会"主动的容忍"：要知道哪些可以容忍，哪些不可以。比如，运动型的孩子需要非常多的运动，他们总是在动，你得允许他们；而运动有障碍的孩子也许长时间坐在那里把东西拧开、合上，他们需要理解。

9. 教育者时时刻刻需要与孩子成长的习惯做斗争。有两种方式可以对习惯做功课：第一，不再喂养它；第二，养成一种新的习惯。比如，一个孩子老是在老师讲故事时踢凳子，如果老师阻止他，就正和他意——阻止本身就是一种供养。此时，你应该忽略他的习惯，转移他的注意力，比如，让他指出故事里讲的动物。

10. 这个世界没有暴躁的孩子，没有懒惰的孩子，没有总是在生气的孩子，没有滞后的孩子，只有被剥夺了以他们自然的方式去学习的孩子。

11. 很多父母问：为什么他们不听话？你得知道，孩子本身就不是一个好的倾听者。

12. 不要过早让孩子学习书写。在儿童的垂直中线没有充分整合时，他们活动一只手的手指，在无意识的状态下，另一只手的手指通常也会跟着动，我们会看到僵硬的握笔姿势和潦草的字迹。判断孩子的垂直中线是否整合的一个标志是：他们的惯用手能否越过身体的中线去捡起放在身体另一侧的物品。

13. 要多给孩子一些疗愈性的诗歌。疗愈性诗歌的基础就是节奏，人在一次呼吸时心脏会有 4 次跳动，所以 4 拍的诗歌代表心脏的节奏，可以让孩子感觉到舒适、安稳，并加强他们的界限。

14. 不要教条地依照孩子在几岁时应该做什么就去教他们什么，而应该在他们已有的能力上进行扩展。比如绘画，你可以把剪好的形状放到纸下，他们只需要用蜡笔就能画出形状；可以让他们在泥上压出图案——首先，你得让他们感觉到，画出东西来是好的，才能给他们扩展更多。还是那句话：一切从孩子现在所处的位置出发。

15. 淘气和好奇是儿童发育的两个好帮手。学校不应该成为崇拜良好行为学生的地方。孩子所有的行为，都是一种沟通：告诉你他们要做什么、在想什么、有什么需求。所以作为一个教育者你必须时刻看到那些行为并且知道为什么。

16. 强迫孩子改变偏侧性会对他们产生很大的伤害，要尽量让孩子的偏侧性在同一侧，因为如果他们在使用手和眼睛产生交集时，会让他们产生困惑，带来不协调的很多问题。——不要强硬改变一个左撇子！

17. 痛是非常重要的，痛可以帮助他们苏醒生命觉，所以不要太快帮他们摆脱疼痛（我想，对所有人来讲，任何形式的疼痛，身体、心灵，也都是非常重要的东西）。

18.9~10 岁对孩子来说是一个内心非常艰难的时段，他们会有很多的恐惧，感受到了世界的不友善和敌对，有的会出现尿床、咬指头……但是都正常，都会过去。大人需要做的是相信他们的能力，相信他们可以从现在开始自己度过自己的人生，但一定要保持对话，注意到他们何时需要我们（不然孩子会成长为很独立但是很孤独的人）。

19. 孩子会问很多问题，要搞懂这样的问题告诉了我们什么。比如，有的孩子老是问别人“你从哪里来？”也许是他们对位置感兴趣，可以给他们一个地图，利用他们对位置的兴趣来找到沟通的方式。问“你多大了？”也许是他们对数字感兴趣。“你结婚了吗？”也许是他们对人际关系感兴趣。如果一个孩子老是重复问你同一个问题，他们也许是健忘也许是强迫，如果他们每次都问你 5 遍，那么你可以让他们重复 6 遍，来打破他们的习惯。总之，老师要永远对孩子的问题保持兴趣。

20. 不要过早地向孩子展示世界的残酷，因为他们太小了，他们还没有能力对周围的世界做点儿什么，这会让他们焦躁、抑郁（我曾听说过一个在父母的争吵中成长的敏感小孩，才四五岁，会把自己的脸抓得到处都是血）。

21. 如果你老是保护你的孩子，那你的孩子就会变得越来越无助，他（她）不会知道如何保护自己。

22. 思考是在不断地重复中产生的，重复是思考和记忆的基石。所以不要太频繁地给孩子太多新的信息，否则他们的大脑会因此习惯了进进出出，无法打下思考的基础。

23. 很多孩子的自我都要很长时间才能建立，我们要允许他们花时间找到他们自己。（其实大人也一样，很多人到了很大的年纪都还没办法找到那个“我”。）

24. 不要帮助孩子做那些他们明明可以自己做的事情，否则就是一种懒惰的教育方式。比如，别再随时伸手去给孩子擤鼻涕了，你直接告诉他们去做就好了——每次独立完成一件事情，都在滋养孩子的生命觉。

关于一些具体的症状及方法

1. 失语症往往伴有运动障碍，因为语言本身就是一种行走，当我们阅读时，就像用手指头摸过那些字。当我们的高阶感官（听觉、语言觉、思想觉、自我觉）出现问题时，要在低阶感官（触觉、生命觉、运动觉、平衡觉）上做工作。——所以不要把大量的工作作用于打开失语者的语言，先让他们发展运动。而且，绝对不能因为他们不说话就降低我们对语言的要求，要让他们听到完整的声音的品质。

2. 如果一个孩子多动，不能把他们放到眼皮子底下，你得让他们坐到墙边，这会让他们有更多的安全感。这样他们才能慢慢地感受到身体的静止。——很多学习障碍，其实是在静止上出了问题，因为如果你要听到并且处理信息，你必须保持身体的静止。

3. 发现小孩的发音不正常时，先不要纠正他们的发音，先找到原因再帮助他们。比如，对那些不用嘴巴而是用鼻腔说话的孩子，可以让他们提重物（比如逛超市时让他们提包），让他们习惯用嘴巴呼出气流，引导从口腔发出声音。

4. 中枢听觉处理障碍的孩子，只能一对一说话，如果声音移动或者声音太多，他们就没有办法听懂。他们总是看起来非常好，其实他们只是看起来什么都听到了，但是无法处理也无法提取。这种孩子应该把他们安排在教室里最安静的那个侧面，尽量减少声音的复杂度，如果把他们安排在教室的中间，四面八方涌来的声音会淹没他们。要多对他们运用视觉的帮助，比如手势。还要给他们安排一个安静的孩子做同桌，如果安排一个运动型的孩子，他（她）会被折磨疯的！

5. 听力不足的孩子在你说话时会看你的嘴唇，但是一旦老师转头在黑板上边写字边说话时，他们就不行了。所以他们总是课堂里那个最后拿出书的孩子。——不要轻易将这样的孩子解读为不专心，要在你不教课时和他们多聊天、多观察，虽然我们不能修补好所有的问题，但至少你要认识、理解，并尽可能帮助他们。

6. 非言语性学习障碍的孩子可以听到词、看到表情和动作，但是不知道意思，所以表现出不懂规则，看不到游戏的过程，要么被小朋友挡在外面，要么以不恰当的方式进入。要对他们多使用手势和语言，让他们不断练习体会非言语的微妙意义。

7. 脑瘫的孩子为了把嘴唇放到一起，会用尽全身的力量，他们说话会非常困难。要对他们的物质身体做大量的工作，同样先发展他们的低阶感官。

8. 选择性缄默只是一个标签，其实这不是孩子的选择，这是一种障碍，他们没得选。通常这样的孩子智力非常发达，学会写字之后他们会好很多，戏剧对他们来讲是非常疗愈的方式。

9. 面对重复症的孩子，请不要太专注于他们的言语，好好去看他们，他们的眼睛会告诉我们他们真正想说的是什么。

10. 学习数学时，孩子需要了解很多抽象的概念，比如长短、前后、平均、总和、大于小于、多于少于……如果孩子不能理解，老师就应该用更多适合的方式让孩子理解。比如，让数学概念可视、可触摸。（在课堂上，我们练习了如何用泥巴做出各种模型，并且加入故事，让孩子们可以通过触摸和观看这些实实在在的东西来理解抽象的概念。）

11. 儿童要能安静地坐着，集中注意力学习，首先他们得发展出自己的本体感觉系统，他们不再需要他们的心智来帮助他们保持躯体向上或者判断空间距离，也就是说，他们得发展到可以忘掉他们的身体才能学习。（试想一下当你生病时：你之前完全感觉不到的身体，在提醒你疼的时候；当你没有办法做到忘记自己的身体时，你是没有办法集中注意力去工作和听周围的人说话的。）

12. 可以让儿童多从事一些让他们感受压力、使用四肢及手指的活动来发展和强化本体感觉系统，比如，用铲子挖掘、推独轮车、提东西、搬石头、拔草、单杠、围成圈拍手跺脚、跟随节奏丢沙包和左右交叉地走竹竿游戏等等，但是所有的活动及游戏的一个重要宗旨就是：你要轻柔、轻松地激发孩子的兴趣，不要让孩子以为他们在受惩罚。

总之，还是那句：一切从孩子现在所处的位置出发。身为一个教育者、带领者，我们要做的就是：找到他们的起点，起点就是他们的兴趣所在的地方，再从这个起点去拓展他们！